Tina Ruland

Move my HEIMAT

Über die Autorin

Tina Ruland ist eine der gefragtesten deutschen Film- und Fernsehschauspielerinnen. Bekannt wurde sie 1991 neben Til Schweiger in dem Kultfilm »Manta, Manta« und erhielt 1994 den Bambi in der Kategorie »Schauspiel/ Fernsehen«. Sie spielte in zahlreichen TV-Serien und Filmproduktionen mit, unter anderem: »Nicht von schlechten Eltern«, »Tatort« und »Traumschiff«. Aktuell ist sie in der erfolgreichen ZDFneo-Serie »Blockbustaz« zu sehen. Neben ihrem Beruf als Schauspielerin schreibt sie seit Jahren kurze Reiseberichte über ihre Auslandsaufenthalte und andere Anekdoten aus ihrem Leben. Die gebürtige Kölnerin wohnt derzeit mit ihrem Mann und ihren zwei Söhnen in Berlin.

Tina Ruland

Move my HEIMAT

Erzählung

VELUM

1. Auflage: September 2018

Herausgeber: Velum Verlag, Kleinmachnow
Autor: Tina Ruland
Satz und Umschlaggestaltung: Ligaturas, Berlin
Illustrationen: Nina Heinke
Fotos: © Tina Ruland
Gedruckt in Deutschland
ISBN 978-3-947424-01-6

Für meine wunderbaren Söhne Jahvis und Vidal und meinen Gefährten Claus, mit denen ich meine Reiseträume leben kann

»Wenn Gott
gewollt hätte,
dass ich arbeite,
dann hätte er
nicht das Reisen
erfunden!«

~~Wish~~
DO.

»Welchen Tag
haben wir denn?«
»Es ist heute.«
»Das ist mein
Lieblingstag!«

The trouble is,
you think
you have time.
Buddha

NUR SO VORWEG

Realize deeply that the present moment is all you have. Make the *Now* the primary focus of your life.
Eckhart Tolle

Wenn es dir wirklich wichtig ist, findest du einen Weg. Wenn nicht, findest du eine Ausrede.

Beginne zu leben. Es nützt nichts, der fleißigste Mensch auf dem Friedhof zu sein.

Travel as much as you can. As far as you can. As long as you can. Life's not meant to be lived in one place.

Mut heißt, Angst zu haben und es trotzdem zu tun.

»Sie haben eine Lücke im Lebenslauf.«
»Ja, war geil.«

Seit Längerem schon sammle ich all diese kleinen Hinweise, Aufforderungen, Zitate, Wünsche. Sie alle erinnern mich daran, dass man unbedingt versuchen sollte, sich Träume zu erfüllen, natürlich ganz individuell.

Für mich bedeutet das, so viele neue Orte wie möglich auf dieser Welt mit meiner Familie kennenzulernen, zu reisen, wegzufahren, anzukommen, unterwegs zu sein – einfach *zu sein*!

Glücklicherweise habe ich in meinem Lebensgefährten auch einen ebenso begeisterten Reisegefährten gefunden, der – mir nicht unähnlich – Freizeit und damit Zeit, unterwegs zu sein, materiellem Reichtum vorzieht.

Deshalb war es nicht wirklich schwierig, Claus davon zu überzeugen, dass wir uns gemeinsam mit unseren Kindern eine Auszeit von allem nehmen und die Welt bereisen sollten. Nur der Zeitpunkt und die Länge dieser (hoffentlich) ersten Reise war ein Diskussionspunkt. Das Wann war irgendwann natürlich auch durch äußere Umstände beeinflusst, aber wir nutzten einen günstigen Moment: das letzte Jahr, bevor unser Sohn Vidal eingeschult würde – aber immerhin war er schon alt genug, um die Erlebnisse im Kopf zu behalten und einen eigenen kleinen Rucksack zu tragen –, und zeitgleich das letzte Grundschuljahr unseres älteren Sohnes Jahvis (in Berlin gibt es eine sechsjährige Grundschulzeit), bevor er auf einer weiterführenden Schule neuen Herausforderungen gegenüberstehen würde.

Eher schwierig gestaltete sich das Finden der Schnittmenge »Zeit«.

Anfangs ging zumindest ich von einem einjährigen Abenteuer aus, dann schraubte ich meine Wünsche und Hoffnungen auf einen Zeitraum von sechs Monaten runter. Claus' Beruf geschuldet, sind es dann letztlich vier Monate geworden. Immerhin. Hundertzwanzig Tage, die wir gemeinsam als Familie erleben und reisen dürfen. Und außerdem kann man ja vielleicht noch oft für vier weitere Monate aufbrechen. Wir arbeiten schon daran!

Ich bin jemand, der seine Wurzeln nie allzu tief in den Boden wachsen lässt, meine Heimat definiert sich nicht so sehr über einen Ort, sondern vielmehr über die Menschen, die ich liebe. Daher habe ich immer das Gefühl, meine Heimat bei mir zu haben, wenn ich mich mit meiner Familie an anderen Orten dieser Welt aufhalte. Meine Jungs sind sozusagen meine bewegbare Heimat. Das macht eine lange Reise noch angenehmer und einfacher, da mich dadurch tatsächlich nie Heimweh plagt.

Nicht unerwähnt möchte ich zu Beginn lassen, dass alle meine Reisetipps, Hotelempfehlungen, Freizeitaktivitäten, Bewertungen und, und, und rein subjektiv und nicht auf Sponsoren oder irgendeinen anderen Geldfluss zurückzuführen sind und sicherlich auch ganz anders empfunden werden können.

SÜDAMERIKA

nach Miami
in den USA
aus Berlin mit
Stopp in Madrid
Galapagos
Quito
in Ecuador

JUST DO IT!

Potz Blitz und Padabum! Direkt mittendrin: Der erste Tag ist nicht etwa jetzt schon verloren gegangen, nein, den haben wir ausschließlich mit reisen verbracht.

Nach einer (!) Stunde Nachtschlaf – natürlich dem Umstand geschuldet, dass man immer das Gefühl hat, dass noch zwei Millionen Dinge erledigt, geklärt und getan werden müssen – sind wir vier um vier Uhr aufgestanden, haben noch den ersten Schnee des Jahres in Berlin bewundert; doch dann nichts wie los zum Flughafen Tegel und einchecken für den ersten Flug, nach Madrid.

Am Schalter der Iberia bei der Frage: »Wie lange haben Sie vor, in Quito zu bleiben?« (unserem heutigen Etappenziel), haut mich dieses hammermäßige Gefühl echt von den Socken.

Wir werden einmal um die ganze Welt reisen! Sooo cool!

Wir machen das jetzt wirklich, zwar nicht wie in entfernter Vergangenheit mal angedacht für ein Jahr, aber vier Monate sind definitiv ein Anfang, und wer weiß, wie oft man wieder zu vier Monaten aufbrechen kann.

Dieser Aufbruch fühlt sich auch noch ganz schön spontan an, denn tatsächlich dafür entschieden haben wir uns erst vor vier Wochen. Wir werden also ganz schön intuitiv, offen für alle Situationen, geplant ungeplant unterwegs sein. Das verdoppelt das Abenteuer dann noch mal, denn es bedeutet, dass wir sehr offen, kompromissbereit und flexibel sein müssen. Das wird spannend, aber passt!

Zurück zum Einchecken. Wir haben uns tatsächlich auf einen Rucksack – als echte Weltreisende sind wir natürlich als Backpacker unterwegs – pro Person geeinigt, jeweils so gepackt, dass man ihn auch tragen kann, was bei den Jungs in Kilo gerechnet nicht wirklich viel ist, und Claus und ich haben zusätzlich jeder noch ein Handgepäckstück dabei.

Das wird jetzt alles erst mal bis Quito verstaut, und ab geht's nach Madrid und von dort nach kurzem Flugzeugwechsel auf die Langstrecke nach Ecuador. Und Megaglück, das Flugzeug ist nicht wirklich voll und jeder von uns hat zwei Sitzplätze für sich und kann oder vielmehr *könnte* schlafen, wenn nicht das Entertainmentprogramm uns alle sofort gefangen nehmen würde.

Drei Filme habe ich geschafft plus etwas Schlaf, plus Kopfschmerzattacke und noch etwas mehr Schlaf, und nach einer Reisezeit von insgesamt siebzehn Stunden (den Madrid-Flug mitgerechnet) kommen wir im dunklen Quito an.

Unsere Übernachtung ist ganz nett: Vierbettzimmer, gutes Essen und im dazugehörigen Garten spielen die Jungs am nächsten Morgen mit Blick auf die Anden ab sechs Uhr früh Fußball. Bedingt durch den Jetlag sind zwei von uns ja schon etwas länger wach. Vidal erfreute uns alle bereits ab vier Uhr mit unmelodischen Pfeifversuchen und Claus mit seinem Hin-und-her-Gerenne (zur Toilette und zurück). Aber wir sind alle fröhlich und sitzen bereits um sieben Uhr in der morgendlichen Sonne im Garten und frühstücken, und Berlin ist jetzt schon ganz, ganz weit weg.

Genau hier startet also unser Abenteuer Weltreise, eine Reise, lange schon in unserem Kopf, dann aber doch am Ende sehr spontan in der Umsetzung. Noch spontaner wird es dann wohl jeweils vor Ort werden, da wir nicht wirklich irgendetwas geplant oder gebucht haben, bis auf das grobe Fluggerüst. Tatsächlich haben wir vor gerade mal vier Wochen unsere Flugroute festgelegt und die Buchung angeleiert – wenn das in Bezug auf einen Trip um die Welt nicht echt megaspontan ist?

Also kopfüber reingestürzt ins Abenteuer und ins kalte Wasser und losgeschwommen in die höchstgelegene Hauptstadt der Welt: Quito – sonnig und hier, wo wir übernachtet haben, überraschenderweise so unglaublich ruhig und beschaulich, wie ich mir eine Stadt in Südamerika so gar nicht vorgestellt habe. Denn »ruhig« ist sicherlich nicht das Adjektiv, das einem bei Quito in den Sinn kommt. Aber wir sind in einem Vorort der Stadt, knappe dreitausend Meter hoch, und hier im Außenbezirk Tababela ist es wunderbar still. Nur Vogelgezwitscher ist zu hören und der erste Vogel, den wir im Garten zu Gesicht bekommen, ist tatsächlich ein Kolibri, ein gutes Omen für unseren Trip.

Da mir so deutlich auffällt, dass der ständige Geräuschpegel fehlt, wird mir auch wieder richtig bewusst, wie laut unser Alltag mittlerweile ist. Das wird eine große Herausforderung auf dieser Reise: all den Stress, die Nervereien, dieses »Du musst aber« abzulegen und zu genießen, jedes Detail, jedes Ankommen, Abreisen, jeden Schritt – das Sein! Ein bisschen philosophisch, aber ich habe in den letzten Monaten doch bemerkt, dass auch ich in den Sog des immer schnelleren Lebens geraten bin.

Aber jetzt raus aus dem Rädchen, denn, auch wenn ich hasentauglich bin, zum Hamster eigne ich mich nicht. Deshalb die Ruhe wahrnehmen und einfach genießen … vier Monate voller Eindrücke und Erlebnisse gemeinsam aufsaugen und einen neuen Blick auf die Welt erhaschen. Okay, mit dem Genießen und der Ruhe fangen wir dann hoffentlich morgen an, heute an Tag zwei geht es auch gleich weiter, vom relativ beschaulichen Flughafen Quito auf die Galapagosinseln.

Noch sind wir im Handymodus: einloggen ins WLAN, E-Mails und WhatsApp checken … Aber das kommt ganz oben auf meine To-do-Liste für diese Zeit (und hoffentlich ändere ich mein Verhalten auch danach entsprechend): Handys sollen und können auch mal lange Strecken komplett ausgeschaltet sein!

Aber los jetzt, erst mal weiter auf die Galapagosinseln!

Eigentlich weiß ich superwenig über diesen Archipel, außer dass er eine ganz besondere und artenreiche Tierwelt beherbergt und es nicht so ganz einfach ist, dort hinzukommen. Das war's dann leider auch schon, reichte aber aus, um die Inseln auf unsere Must-have-Liste setzen.

Schon beim Einchecken in Quito muss man an einen speziellen Schalter. Hier wird das gesamte Gepäck das erste Mal mit einem anderen Schwerpunkt durchleuchtet, der Hintergrund ist, dass man unbedingt verhindern will, dass die endemische Tier- und Pflanzenwelt Galapagos' dauerhaft beeinflusst und somit verändert wird. Das Wort endemisch war mir trotz Deutsch-Leistungskurs neu und bedeutet, dass die entsprechenden Tier- und Pflanzenarten ausschließlich und nur hier vorkommen, nirgendwo sonst auf der ganzen Welt.

Allerdings ist unser erster Eindruck nach der Ankunft eher ernüchternd, eine überaus karge Steinlandschaft erstreckt sich rund um den Flughafen. Eigentlich hatte ich mit wild wucherndem Urwald gerechnet?!

Aber dann – gleich nach dem Verlassen des Flugzeugs, beim Gang zur Haupthalle – entdecken wir das erste, von all unseren Mitreisenden begeistert fotografisch festgehaltene Tier: einen großen Waran. Direkt neben dem Weg. Auf dem Flughafengelände. Neben der einzigen Landebahn. Wahnsinn. Und nicht nur einer … bei genauerem Hinsehen finden sich zwischen den Felsen einige dieser ruhig in der Sonne dösenden Reptilien. Na, das geht doch gut los!

Jetzt müssen wir aber erst mal noch ein wenig weiterreisen, um zu unserem ersten Etappenziel, der Insel Isabela, zu kommen. Das allerdings ist gar nicht so einfach. Die Kurzfassung: Vom Flughafen muss man in Ermangelung irgendeiner anderen Transportmöglichkeit den (hoffentlich) bereitstehenden Bus nehmen. Nach einer circa zehnminütigen Fahrt geht es zu Fuß auf eine kleine Fähre, die zur Insel Santa Cruz übersetzt.

Am Fähranleger hat man die Wahl zwischen Taxis und einem weiteren Bus, für den wir uns entschieden, und fährt circa anderthalb Stunden in den Hafen des Hauptorts Santa Cruz. Hier verpasst man dann gern – wie wir auch – die ausschließlich zweimal am Tag verkehrenden Boote nach Isabela. Das bedeutet gleichzeitig – da es keine Alternative gibt, um zu der zweieinhalb Bootsstunden entfernten Nachbarinsel zu gelangen –, dass man eine Übernachtung einschieben und sich schleunigst ein Bootsticket für den nächsten Tag zulegen muss, da es nur begrenzt Plätze auf den Booten gibt.

Am nächsten Morgen geht es dann – nach erneuter Gepäckkontrolle, bei der wir sogar den guten deutschen Rasen aus den Rillen unserer Sandalen kratzen mussten, Gott sei Dank nehmen die hier den Schutz der endemischen Arten wirklich ernst – um sieben (!) Uhr auf ein »Fährboot«, eine kleine Jacht, die einen hinüberschippert. Wobei schippern nicht der richtige Ausdruck ist: Der anfängliche Wellengang ist schon ganz schön heftig. Ein möglicher Toilettengang, auf den ich eindringlich gehofft hatte, wäre hier sicherlich nur mit Schwierigkeiten, Blessuren und anderen unschönen Erfahrungen einhergegangen.

Ganz Hartgesottene wie alle Asiaten in unserem Boot schlafen trotzdem auf der Überfahrt, verpassen aber auch den ersten Anblick von Seehunden auf einem Felsen, an denen wir vorbeiziehen. Für uns eine totale Sensation, immerhin hat keiner von uns je zuvor Seehunde in freier Wildbahn erlebt.

In der Bucht von Isabela steigt man nochmals auf ein kleineres Boot um, das einen zum Steg bringt, auf dem man erneut einen kleinen Obolus entrichten muss (der übrigens für Schulen und andere soziale Einrichtungen auf Isabela eingesetzt wird), und läuft endlich in den sehr kleinen Hafen, eigentlich nur ein Steg, ein. Auf Isabela angekommen, werden wir direkt von einer Vielzahl von Seehunden begrüßt, die hier auf den aufgestellten Bänken eine Sonnenpause einlegen. Okay, langsam gewöhnen wir uns etwas an ihre Gegenwart, stoßen aber weiterhin begeisterte Ausrufe des Entzückens aus.

Nach kurzem obligatorischen Fotostopp schultern wir unsere Rucksäcke – die ich echt schwer finde –, und da unser Hotel nur circa sieben Gehminuten entfernt liegen soll, schlägt Claus alle Mitfahrangebote von Taxis und Gruppentransportern aus und entscheidet, dass wir das ja wohl locker zu Fuß gehen können.

Gehen? Ja. Locker? No way.

Während ich sehnsüchtig auf die uns passierenden fahrbaren Untersätze blicke und dabei mehr oder weniger laut und verständlich vor mich hin grummle, dass wir hier wohl am falschen Ende sparen, weil ich definitiv gleich zusammenbreche, wiederholt Claus nur, dass es jetzt ja wirklich nicht mehr weit sein könne.

Eigentlich wäre ich jetzt gern weniger als cooler Backpacker-Weltreisender unterwegs, sondern würde lieber relativ entspannt einen Ziehkoffer über die gut geteerte Straße ziehen. Sieht doch keiner, also ich meine, würde doch keiner sehen.

Überraschenderweise – immer noch halbwegs aufrecht gehend, aber mit nur mäßiger Laune meinerseits – erreichen wir dann doch noch das La Casa Marita und sind begeistert.

Wir hatten uns eher spontan – was auch sonst – vor wenigen Tagen für dieses Hotel entschieden und haben definitiv einen Volltreffer gelandet. Direkt an einem wunderschönen Strand gelegen, sehr schön und dezent eingerichtet, tolles Essen und eine Inhaberin, eine elegante ältere Dame, die uns auf Deutsch begrüßt, da sie eine deutschstämmige Oma hatte. Unser mittelpreisiges Zimmer liegt in einem kleinen Turm, hat an allen vier Seiten Fenster und somit einen super Rundumblick – direkt in die Baumkronen der Palmen, was für eine schöne Aussicht, wenn man den ersten morgendlichen Moment genießt.

Genau genommen ist das Zimmer nicht auf vier Personen ausgerichtet. Wir haben uns nämlich angewöhnt, bei Netzbuchungen Vidal zu unterschlagen und nur drei Personen anzugeben. Das hat den einfachen Hintergrund, dass Vidal im Zweifel noch mit in unserem Doppelbett schläft und die meisten Hotels eine Familie mit zwei Erwachsenen und zwei Kindern direkt auf zwei Zimmer verteilen. Zum einen wollen wir natürlich nicht, dass die Kinder woanders und von uns getrennt schlafen – die beiden wollen das auch nicht –, und zum anderen verdoppelt das natürlich auch unsere Kosten. Mal ganz davon abgesehen, dass wir uns sowieso nur in Regionen aufhalten wollen, in denen wir den ganzen Tag draußen unterwegs sind und wirklich nur zum Schlafen ins Hotelzimmer gehen.

Marita, die Eigentümerin, ist aber entspannt und flexibel, und so bringen freundliche Hände mal eben noch ein zusätzliches Bett in das Zimmer. Perfekt! Die eine Nacht, die wir gebucht hatten, aber durch das Verpassen der Fähre nicht wahrnehmen konnten, müssen wir auch nicht bezahlen, sondern können sie hinten dranhängen. Wir haben nämlich schnell entschieden, dass es uns hier so gut gefällt, dass wir nicht nur die ersten drei Tage hierbleiben, sondern an diesem Ort gleich unsere gesamten Galapagos-Tage verbringen wollen, sofern Zimmer zur Verfügung stehen.

Hier will ich tot überm Zaun hängen

Das Glück ist mit den Spontanen. (In Bezug auf die Zimmer, nicht auf die Hängesituation über Zäunen.) Ja, es gibt freie Zimmerkapazitäten, wir werden zwar innerhalb der Anlage zweimal umziehen müssen, aber wir können hierbleiben.

Direkt am nächsten Tag mieten wir uns Fahrräder, das gängige Transportmittel hier auf der Insel und für die kurzen Entfernungen, und los geht's zu unserem ersten geplanten Stopp, einer Aufzuchtstation für die hier heimischen Riesenschildkröten. Und davon bekommen wir wirklich viele zu sehen; außerdem können wir direkt eine Unterrichtseinheit für Jahvis einfließen lassen, Biologie und Englisch auf einmal. Das ist ein netter Nebeneffekt, und wir erfahren natürlich auch selbst viel Neues über diese großen, friedlichen Tiere.

Eine eigenartige Vorstellung, dass wenn diese noch sehr jungen Schildkröten, die wir gerade treffen, alt sind, wir bereits nicht mehr am Leben sind und auch unsere Kinder nicht, da diese Schildkröten bis zu hundertfünfzig Jahre alt werden.

Als wir weiter den wunderschönen Weg parallel zum Meer entlangradeln, machen wir unsere erste Rast unter schattigen Bäumen mit Blick auf einen Friedhof. Dieser Friedhof ist tatsächlich im Wortsinn mehr als friedlich und nahezu – einladend. Ehrlich. Von den Gräbern hat man einen tollen Blick aufs Meer und hört das gleichmäßige Wellenrauschen. Die Toten liegen nicht unter der

Erde, sondern in schlichten Grüften, die farbenprächtig angemalt und geschmückt sind – wir sehen sogar eine mit Surfbrett.

Da wir ja alle der Sache mit dem Sterben nicht entgehen können, ist das zumindest ein Ort, an dem ich mir tot sein noch ganz nett vorstellen kann. Wenn ich es mir aussuchen könnte: Das wäre definitiv eine Stelle, um Ruhe zu finden. Ich muss mich mal erkundigen, wie die Bedingungen sind, um hier beerdigt zu werden. Darf man eigentlich unter die Erde, wo man möchte? Oder muss man dann zumindest vor Ort gestorben sein? Ich fürchte ja, so einfach wird das mit dem Wunschfriedhof nicht, wahrscheinlich muss man im wahrsten Sinne des Wortes hier tot überm Zaun hängen, um auch eine Chance auf 'ne bunte Gruft zu bekommen.

Aber bis zu dieser Entscheidung gehen ja noch hoffentlich viele, viele Reisen ins Land, und auch wenn wir alle eines Tages sterben müssen, an allen anderen Tagen aber nicht! Und insofern radeln wir weiter, wissend, dass es sogar Orte der Trauer gibt, die wunderschön sind und die man gern besucht.

Es ist aber auch echt heiß hier; wir befinden uns ja mehr oder weniger genau auf dem Äquator und die Sonne brennt. Da hier sogar der Fünfziger-Sonnenschutz versagt, tragen wir alle langärmlige Bekleidung als Sonnenschutz, was aber wiederum unheimlich schweißtreibend ist. Also halten wir mal eben an einer öffentlichen Toilette all unsre Oberbekleidung unter Wasser und auch unsere Basecaps werden mit Wasser gefüllt und überm Kopf wieder entleert.

Das ist hitzetechnisch echt mal 'ne Hausnummer, und dann noch auf dem Rad, man kann die Sache nur langsam fahrend angehen, ansonsten ist der Wasserverlust durch das Schwitzen zu hoch. Nur Vidal genießt den kühlenden, aber auch irgendwie heißen Fahrtwind, kann er doch ganz bequem bei Claus auf einem Holzsitz an der Lenkstange mitfahren. Wir anderen kommen dagegen schon ein wenig an unsere körperlichen Grenzen und Jahvis fragt ganz hoffnungsvoll, ob an unserem Zielort denn ein Supermarkt wäre, in dem wir kühle Getränke kaufen könnten.

Nun, zum einen haben wir gar kein klares Ziel vor Augen, wir cruisen einfach so vor uns hin in die einzige Richtung, die es außer zurück gibt, und andererseits gibt es hier natürlich nirgendwo einen Supermarkt am sandigen Straßenrand. Aber immerhin eine schöne Meeresbucht, an der wir erst einmal rasten und uns in die kühlen Wellen werfen.

Plötzlich tauchen neben uns im eigentlich nur knietiefen Wasser zwei spielende Seehunde auf, die uns genauso neugierig und interessiert betrachten wie wir sie. Sie kommen sogar recht nahe an uns ran und ich bin mir nicht sicher, ob diese eleganten, schnellen Schwimmer in irgendeiner Form gefährlich für uns sein können und wir nicht eigentlich Abstand halten sollten. Aber die beiden sind zu süß und wir entscheiden zwar, nicht noch näher an sie heranzuschwimmen oder gar den Versuch zu unternehmen, sie zu streicheln, aber wollen unsere beiderseitige Neugier möglichst trotzdem lange befriedigen, was auch netterweise absolut freundlich abläuft.

Auch sonst gibt es Leben in den sich in Ufernähe brechenden Wellen. Während wir alle im schäumenden Wasser spielen, bemerkt Claus einen Schatten und vermutet gleich einen Hai, der es selbstverständlich auf uns im Allgemeinen, aber im Speziellen nur auf ihn abgesehen hat. Irgendwie hat sich mein Lebensgefährte (kommt dieses Wort eigentlich von *Gefahr*… für ihn oder für mich?) mit dem Element Wasser und seinen Lebewesen noch nicht so richtig angefreundet und geht erst mal wieder ans rettende Ufer. Tatsächlich ist da ein Schatten im Wasser auszumachen, da ich aber davon ausgehe, dass so nah am Ufer kein Hai rumschwimmt, wage ich einen genaueren Blick und sehe einen Kugelfisch (einer meiner

Lieblingsfische). Da diese Art auch im nicht aufgeplusterten Zustand – dazu kommt es aber nur bei Angst – nicht richtig schnell herumschwimmt, kann man sie nicht wirklich mit einem Hai verwechseln, aber wie gesagt: aufgewühltes Wasser, Gischt, die hochspritzt, und die Vermutung, wo Seehunde sind, könnten auch Haie auf der Suche nach ihrem Lunch sein. Vidal wiederum war von der Kugelfischvariante nicht überzeugt und behauptet bis heute steif und fest, einen der gefährlichen Kugelhaie im Wasser gesehen zu haben.

Die Drei von der Insel

Pinguine, Seehunde und Warane

Ich bin zwar in der richtigen Zeitzone, mein Körper auch, aber da meine drei Jungs abends noch nicht so durchhalten, gehen wir alle recht früh ins Bett. Daher schaffe auch ich es, morgens früh aufzustehen und mich nicht allzu intensiv zu fragen, ob es im Bett nicht doch viel schöner wäre – aber ich möchte die Pinguine, die ich beim gestrigen Morgenspaziergang verpasst habe, ja auch unbedingt sehen.

Also schwinge ich mich auch um sechs Uhr in der Früh aus den Decken und gehe mit zum Hafen (etwa sechs Minuten Weg). Und tatsächlich sehe ich diese Pinguinart, die hier auf den Inseln zu Hause ist, die kleinste Art ihresgleichen übrigens. Direkt in Ufernähe jagen die Pinguine morgens gemeinsam mit einer Gruppe von Pelikanen nach ihrem Frühstück und lassen sich auch nicht stören, wenn man sie im Wasser stehend dabei fotografiert. Total süß.

Zurück im Hotel, wird erst mal gefrühstückt; dann müssen wir wegen unserer weiteren Buchung unser kleines, süßes Turmzimmer wieder verlassen und es gegen ein anderes Zimmer des Hotels eintauschen. Also werfen wir unsere Siebensachen kurz in die Schutzhüllen unserer Rucksäcke – da kann man nämlich so wunderbar ungeordnet alles reindonnern – und ziehen wehmütig weiter, da wir unser Turmzimmerchen wirklich süß finden. Aber wie so oft im Leben sollte man immer abwarten, was man als Nächstes serviert bekommt: in unserem Fall das Zimmer »Colonial«, ebenerdig und geräumig, sehr stilvoll mit schönen

Kleinigkeiten eingerichtet, kolonialistisch angehaucht, wieder ein absoluter Wohlfühlort.

Danach gehen wir wieder zum Hafen, von dem ein kleiner Weg über einen Holzsteg durch die Mangroven bis zu einer Bucht führt, die sich wunderschön vor uns auftut.

Von einer Plattform am Ende des Stegs gelangt man über eine kleine Treppe ins ruhige Wasser und kann auf eigene Faust einen Schnorcheltrip unternehmen. Viele schöne Fische und Leguane sind hier in Ufernähe zu beobachten, und zu unserem Glück schwamm neben uns sogar ein Seehund. Richtig cool.

Wobei ich das Gefühl hatte, dass es vor allem unsere sehr ungewöhnlich aussehenden Schnorchelmasken waren, die das gesteigerte Interesse bei den Seehunden ausgelöst haben.

Sehr lustig war dann auch, dass sich auf den beiden Holzbänken, die auf dieser Plattform stehen und auf denen wir Teile unserer Sachen abgelegt hatten, zwei Seehunde zum Mittagsschläfchen darin vergruben, die sich sichtlich gestört fühlten, als wir unsere Sachen letztlich wiederholen wollten. Aber wir mussten nicht ohne unsere Habseligkeiten von dannen ziehen; als andere Leute, die ihre Schuhe nicht hergeben wollten, auch wenn eine Seehundflosse darauf lag, die beiden ablenkten, konnten wir unseren Sack schnell ergreifen. Ist ganz schön beeindruckend, so einen Seehund, einem Hund nicht unähnlich, schnappen zu sehen.

Am Nachmittag folgen wir den am Strand entlangziehenden Surfern, die Bretter lässig unterm Arm. Das ist definitiv eine Sportart, die ich unbedingt erlernen möchte. Nach circa zwanzig Minuten unseres Spaziergangs sehen wir sie, drei Surfer, die elegant die Wellen heruntergleiten – das will ich auch!

Also beobachten wir sie noch ein wenig dabei, finden schließlich heraus, dass es hier einen Surfshop mit engagiertem Lehrer gibt, und genießen einen wunderschönen Sonnenuntergang an diesem langen und einsamen Strand.

Den ganz sweet aussehenden Knaben, den wir befragt haben, Khalif mit Namen, werden wir noch relativ häufig auf der Insel treffen (ist halt echt überschaubar hier). Jedes Mal grüßt er uns ganz freundlich mit ausgestrecktem Daumen und kleinem Finger – ohne jemals auf einem Brett gestanden zu haben, fühle ich mich der Surfergemeinde schon voll zugehörig (ist klar 😛).

TINA GEPRÜFT

Ausflugstipp:
Schnorcheln in der Bucht »Concha de Perla«, fußläufig am Hafen Puerto Villamil und kostenlos.

MANTA, MANTA

Wir machen einen Schnorchelausflug!

Gestern Abend suchten wir hier im Ort verschiedene Tour-Operators auf, weil uns gesagt wurde, dass es einen superschönen Schnorchel-Bootsausflug geben soll, nur zehn Minuten Fahrtzeit. Also nix wie gebucht, und schon heute Morgen geht's los. Um zehn Uhr brechen wir vom Hafen mit ein paar anderen Touris zur Bootstour »Tintoreras« auf.

Aber bevor es ins Wasser geht – natürlich sind wir alle vier mit von der Partie –, gibt's noch ein paar Eindrücke von den Tierarten, die uns auf kleinen Mini-Inselchen links und rechts perfekt aufgereiht fürs Foto erwarten. Scheint fast so, als wären sie hier extra heute Morgen hingesetzt worden, damit wir fotowütigen Touristen das ultimative Foto schießen können. Wer weiß, vielleicht ist das für die so wunderbar heile Welt, die wir hier vorfinden, arrangiert worden, à la: »Welche Tierarten haben heute Dienst? Ah ja, es gibt eine Schnorcheltour, also sollten dann circa um halb elf, sagen wir mal, ein Blaufußtölpel, ein männlicher Leguan und ein Pinguin am Felsen 3b parat stehen. Verstehen die sich im Moment alle? – Okay, dann sitzen die bitte auch entsprechend. Alles klar?«

Im Ernst, es ist so schön, dass man fast auf solche Gedanken kommen könnte.

Nach dem Fotoshooting geht's weiter zu einer Insel, die wir betreten dürfen und auf der wir uns auf einen geführten Rundweg begeben. Eigentlich mögen wir so was null, alle schön der Reihe nach, wie eine Schafherde hinter dem Guide hinterher.

Aber da wir insgesamt nur elf Personen sind, ist die Herde recht übersichtlich, und wir lassen uns darauf ein und erfahren tatsächlich viele interessante Details über den vulkanischen Ursprung der Insel und zum Beispiel über Leguane und ihr Paarungsverhalten: Das Kopfwackeln, das wir schon mehrfach bei diesen Tieren auf der Insel beobachten konnten, ist nicht, wie vermutet, eine blöde Angewohnheit und soll nach wenigen Schritten bereits über die benötigte Wanderpause hinwegtäuschen, vielmehr machen die Männchen so ihren Kontrahenten klar, dass sie dieses Revier beanspruchen und auch zu einem Kampf darum bereit wären. Ahhh, ach so.

Weiter hören wir, dass die vielen weißen Flächen auf dem Lavagestein nicht die von mir vermutete Vogelkacke (ich hatte mich schon gewundert, wie viel und wie treffsicher die Vögel hier ihren Dreck ablassen), sondern tatsächlich eine Art Pilz sind, aus dem sich dann im nächsten Stadium grünliches Moos bildet, aus dem dann wiederum irgendwann neue Vegetation entsteht… Wow, wieder was dazugelernt.

Die Lava stammt von den nach wie vor aktiven fünf Vulkanen auf der Insel Isabela. Auf unserem Weg liegen dann auch noch die Skelettteile eines Seehunds, inklusive abgetrenntem Fell – sehr anschaulich.

Vom Ufer aus können wir in einen natürlichen Wasserkanal blicken, mit einer Strömung, die so stark oder auch schwach ist, dass sich Haie hier ausruhen können. Wir haben Glück und sehen sogar eine ganze Gruppe von ihnen, circa acht liegen ganz ruhig da, scheinbar schlafend.

Wie gesagt, sehr lehrreich, und Jahvis bekommt direkt die nächste Unterrichtseinheit. Da sieht man mal, wie sehr das Reisen bildet, und was gibt es schließlich Besseres als praxisnahes Lernen.

Aber dann geht es wieder aufs Boot; Masken, Flossen und Schnorchel werden verteilt und ab ins Wasser!

Vidal kommt anfangs auch mit rein, ausgestattet mit Schwimmweste und seiner tollen Schnorchelmaske, entscheidet sich dann aber doch lieber, bei den Bootsjungs auf dem Schiff zu bleiben.

Für uns geht's aber los: Wir folgen unserem Guide und sehen direkt unter uns eine riesige Wasserschildkröte, ganz ruhig daherschwimmend. Und direkt das nächste Highlight, majestätisch schwebt ein riesiger Mantarochen unter uns durch das blaue Meer, und Claus lacht sich halb tot, als ich auftauche und laut »Manta, Manta!« rufe.

Ein wunderschönes Tier »jagt« das nächste – kleine und echt große Kugelfische, Trompetenfische, eine Gruppe von fünf Mantas. Als der Guide neben mir schwimmend nach unten auf eine gestreifte Seeschlange zeigt und mich plötzlich, weil ich eine Kamera in der Hand halte, nah an das Tier heranschiebt, bin ich doch ziemlich überrumpelt, da ich nicht extra Luft geholt habe. Konnte ich ja auch nicht wissen, was er da vorhat. Aber tolles Bild, die Schlange ist gut getroffen!

Dann kommt der ersehnte große Moment. Wir schwimmen hintereinander in einen dieser natürlichen Wasserkanäle hinein, unser Anführer vorneweg mit den Worten: »Kinder zuerst und dann die Frauen.« Super, so kann ich mich gleich hinter Jahvis einreihen, und von einem ganz leichten Sog gezogen geht es mit der Strömung durch diesen Tunnel. Unter uns liegen tatsächlich zwei schlafende Haie! Wahnsinn!!!

Nun sehen wir sie tatsächlich, sind in einem Element mit ihnen – so schön und, ja, absolut friedlich. Ich kann es kaum erwarten, am Ende des Kanals von meinen beiden Männern zu hören, wie sie das erlebt haben.

Okay, definitiv war ich am enthusiastischsten, bereit, direkt die nächste Schnorcheltour zu buchen. Claus und Jahvis waren, glaube ich, echt beeindruckt und auch ein wenig mitgenommen, sei es von der langen Schnorchelzeit, von den Haien, dem aufgebrachten Mut oder einer Kombination aus alldem, und wollten sich lieber nicht gleich festlegen.

Was für ein tolles gemeinsames Erlebnis!

Vidal empfing uns, Schokolade essend, an Bord und meinte nur cool: »Der Typ ist mein neuer Freund.« (Bei Vidal kommt man immer sehr gut an, wenn man Schokolade für ihn dabeihat.)

Nach einer Essenspause in unserem Hotel sind wir dann noch am Strand spaziert und haben uns gemütlich in den Sand gesetzt. Die Jungs schnitzten vor sich hin, und als sie eine Pause einlegten, griff ich direkt selbst mal zum Messer. Ein kleines Holzmännchen, ein böser Wolf und ein Fabeltier kamen dabei heraus. (Wow, hört sich jetzt unheimlich kreativ an, oder?) Tatsächlich waren diese »Püppchen« aber sehr stilisiert und einfach gehalten und ich hab mir eine kleine Geschichte zu ihnen ausgedacht. Also mir hat's Spaß gemacht, Vidal fand's spannend, Claus amüsant und Jahvis (»Äh ernsthaft?«) so lala.

Aber das Schnitzfieber war auf jeden Fall ausgebrochen, und als wir in wunderschöner Abendatmosphäre auf einer Bank am Hauptplatz verweilten und dem sehr ruhigen Straßengeschehen zusahen, saßen die Jungs vor uns auf dem Boden und werkelten an ausgetrunkenen grünen Kokosnüssen herum.

Wir sind doch hin und wieder ein wenig in Sorge, ob alle Finger dranbleiben, hat bisher aber glücklicherweise immer geklappt. Am Ende hat sich Jahvis seinen eigenen Wilson (wie der angemalte Volleyball von Tom Hanks im Film »Cast Away«) kreiert und Vidal die Sprungkraft, Widerstandsfähigkeit und Beschaffenheit der jeweiligen Kokosnuss ausgetestet (gelebte Physik).

Doch nun stellte sich uns die Frage: Was soll aus Wilson werden? Mehrere Optionen standen zur Auswahl: im Karton per Post nach Hause senden (Idee von Claus, die ich persönlich für Blödsinn hielt, da erstens echt schweres Paket, und zweitens würde die verpackte Nuss innen anfangen zu schimmeln), auf die Reise mitnehmen (ob man Kokosnüsse überhaupt ausführen darf? Da die Einreise schon sehr streng war, bezweifelte ich, dass das gestattet wäre) oder ihn als Flaschen- beziehungsweise in diesem Fall Kopfpost ins Meer werfen und hoffen, dass ihn jemand findet und zurückschreibt. Jahvis hatte die Wahl – und verabschiedete sich am Abreisetag ganz unspektakulär von Wilson und ließ ihn im Garten vor unserem Zimmer zurück.

SURFING GALAPAGOS

Heute ist ein großer Tag! Na ja, eigentlich war bis jetzt immer ein großer Tag hier auf der Insel. Aber heute werde ich endlich das erste Mal surfen! Ich habe schon lange davon geträumt, das Wellenreiten zu erlernen.

Tatsächlich stand es bereits letzten Oktober zu meinem Geburtstag, den ich auf keinen Fall in Deutschland verbringen wollte, zur Debatte. Obwohl ich zwar sehr gern andere Menschen feiere und es auch sonst mag, zu Partys zu gehen, bin ich super ungern selbst Gastgeberin. Irgendwie ist das zumindest für mich immer mit Stress verbunden und das eigentliche Feiern kommt viel zu kurz. Man kann nicht mal einfach ins Bett gehen, wenn man müde ist oder keine Lust mehr hat.

Also weg, denn sonst stehen dann doch ganz überraschend Freunde vor der Tür, die einfach mal ganz spontan vorbeischauen und wirklich auch nur kurz bleiben wollten… »Habt ihr zufällig was zu essen, ach ja, anstoßen wäre ja auch nett.«

Aber wohin und was machen? Es sollte ja trotzdem auch etwas Besonderes sein.

Runtergebrochen blieben dann Wellenreiten lernen in Portugal oder Isländer reiten auf Island. Ich habe mich für die Pferde auf Island entschieden – was übrigens der Hammer war –, was bedeutet: Wellenreiten steht nun dringend an!

Der Surfshop in der Mitte unseres kleinen Ortes hat uns dann gleich für den Nachmittag einen Surflehrer zur Seite gestellt, und Claus, Jahvis und ich würden sicherlich schon am frühen Abend eine perfekte Figur auf dem Brett abgeben. (Wobei, Claus wollte es nur in meinen eventuellen Pausenzeiten versuchen und einen Lehrer braucht er natürlich auch nicht.)

Nun, was soll ich sagen: Ja, ich habe eine relativ perfekte Figur auf dem Brett abgegeben – zumindest solange das Brett im Sand lag und wir Trockenübungen am Strand gemacht haben.

In der Theorie alles klar so weit. Im Wasser? Tja, ich bin viel geschwommen an dem Tag, immer wieder zu meinem Brett hin. Auch wenn ich nur für wenige Sekunden draufstand, hatte ich immer wieder den Hoffnungsschimmer, dass ich es diesmal bestimmt gerafft habe.

Aber es war toll, ich habe was Neues angefangen, zusammen mit meinen Jungs, und zwischendurch hat uns sogar ein Seehund in den Wellen begleitet – wenn das nicht das ultimative Erlebnis ist!

I'LL BE BACK

Unsere Tage auf Galapagos sind leider gezählt und wir überlegen jetzt schon, wann – denn das ist definitiv – wir wieder hierherkommen können. So viel gibt es hier noch zu sehen und zu entdecken. Die ganzen Vulkane auf der Insel haben wir uns ja noch gar nicht angesehen und auch die anderen Inseln sind bestimmt superspannend.

Da die Regierung Ecuadors mittlerweile wieder sehr darauf achtet, dass die Inseln ihren Status als Weltnaturerbe der UNESCO behalten und die strengen Naturschutzauflagen eingehalten werden, versuchen auch wir alles, um Abfall zu vermeiden, aber auch Ressourcen zu schonen. Ich bin wirklich von dem Gedanken beseelt, auch meinen Teil, die Welt besser zu machen, zuzusteuern.

Als wir zum Mittagessen in einer Pizzeria am Dorfplatz aufschlagen, sitzt neben uns eine größere Gruppe von Touristen, die sich im Aufbruch befindet und noch einen fast vollen Krug der hier sehr beliebten, selbst gemachten Tomatenlimonade auf ihrem Tisch stehen hat. Na, dann wäre doch jetzt der Moment, unserer Wegwerfgesellschaft auch bei Naturalien etwas entgegenzusetzen und anders zu leben. Und schwuppdiwupp freuen wir uns über den Krug und trinken ihn in absoluter Selbstverständlichkeit weiter, auch wenn Claus das im ersten Moment etwas befremdlich findet.

Wir sind beide große Freunde von Aktionen wie Containing (dabei werden Lebensmittel gerettet, die vorzeitig im Müll von Supermärkten landen, nur weil ihr Mindesthaltbarkeitsdatum erreicht ist) und halten Foodsaving (Kooperationen mit Supermärkten, abgelaufene Lebensmittel nicht wegzuwerfen, sondern Foodsavern zu übergeben) für eine richtig coole Sache. Da aber

Tollfinden allein nicht wirklich weiterhilft, fangen wir genau hier mit dem Mitmachen an. Und ich finde, es schmeckt direkt noch mal so gut!

Am Abend sitzen wir ein letztes Mal ganz gechillt mit einem eisgekühlten Weißwein am Strand vor unserem Hotel – die Kinder spielen in der nicht wirklich kühleren Luft Fangen –, zelebrieren unseren allmonatlichen Kennenlerntag und erinnern uns an unsere erste folgenschwere Begegnung in Köln während der Musicalpremiere von »Hairspray«. Berlin, Köln, unser ganz normales Leben ist sehr, sehr weit weg, und das nicht nur räumlich. Wir sind uns gerade als Familie genug, genießen, dass unsere Reise immer noch gerade erst beginnt, sind voller (Vor-) Freude und Spannung und können nur zu gut verstehen, warum die Inseln anfänglich als die Islas Encantadas – die verzauberten Inseln – bezeichnet wurden, wenngleich der Hintergrund ein kleines bisschen anders war.

Das Leben könnte nicht schöner sein!

Der Vierhundert Dollar Vogel

Viel zu schnell ist unsere Zeit auf den Galapagosinseln vorbei, aber wir können ja nicht schon beim ersten Stopp unsere Weiterreise über den Haufen werfen und einfach verweilen, da ist ja noch so unglaublich viel, was vor uns liegt. Also packen wir jetzt schon schweren Herzens und mit dem festen Plan, dass wir unbedingt wiederkommen wollen, unsere Siebensachen und verlassen am nächsten Morgen viel zu früh mit der Sechs-Uhr-Fähre die Isla Isabela. Die Jungs verschlafen die zweistündige Überfahrt und wir erreichen pünktlich zum ersten Frühstück den Hafen von Santa Cruz.

Da wir nicht mehr allzu viel Bargeld im Portemonnaie haben, gehen wir erst mal zum nächsten Geldautomaten. Das übliche Prozedere: Karte rein, Sprache wählen, Geheimnummer eingeben, Aufgabenbereich gewählt, inklusive Summe, die ausgezahlt werden soll. Doch dann weist mich Claus vehement darauf hin, dass gleich neben uns ein kleiner Darwinfink – natürlich auch wieder eine endemische Tierart, einem kleinen Spatz nicht unähnlich, nur in Gelb – auf der Jagd nach einem relativ großen Mottengetier ist, dieses immer wieder fängt, aber, ähnlich der Katze auf Mäusejagd, immer wieder kurz loslässt, um Überlebenshoffnung zu schüren, und es dann doch wieder, mittlerweile geschwächt, einzufangen.

Claus findet das total spannend und fordert mich mehrfach auf, jetzt doch endlich mal hinzuschauen, wäre doch ein spannendes Naturerlebnis. Also was mache ich, ich gucke interessiert rüber, und genau in diesem Augenblick erscheint mein Geld, immerhin vierhundert ecuadorianische Dollar, im Schlitz des Automaten, verweilt einen kurzen Moment – ich bin immer noch gebannt dabei, auf die Mottenjagd zu starren – und verschwindet wieder lautlos im Schlitz.

Erst jetzt bemerke ich, dass ich die Auszahlung verpasst habe, und schimpfe wie ein Rohrspatz auf Claus, der mich abgelenkt hat. Irgendwer muss ja nun mal Schuld haben. Ich frage mich, ob der Automat netterweise weitergeben wird, dass ich dieses Geld nicht an mich genommen habe. Und da auch der sadistische Darwinfink nicht gänzlich unschuldig ist, wird er jetzt umgetauft in: der Vierhundert-Dollar-Vogel.

Mit einer zweiten Kreditkarte gelingt es mir dann, doch noch unter Aufbietung meiner vollen Konzentration Geld abzuheben, und wir können uns nach dem Frühstück per Taxi auf den Weg zum Flughafen machen. Was sich allerdings als problematischer herausstellt als gedacht.

Wohl wissend, wie lange der Hinweg vom Flughafen gedauert hat, planen wir auch unsere Rückkehr; dann sollten wir pünktlich ankommen. So die Theorie.

In der Praxis startet das Ganze auch noch nach Plan. Ein Taxi ist am zentralen Kreisverkehr am Hafen schnell gefunden, Festpreis bis zur Mini-Fähre verhandelt, eigenartigerweise mahnt uns der Fahrer aber zur Eile – wir haben doch noch so viel Zeit?

Auf der Fahrt müssen wir tatsächlich einen kurzen Stopp einlegen, da eine der berühmten Galapagos-Schildkröten, riesengroß, mitten auf der Straße ein kurzes Nickerchen hält und auch keine Anstalten macht, ihren Platz zu verlassen.

Es braucht dann vier erwachsene Männer, um die betagte Dame (ich gehe davon aus, dass sich definitiv nur ein weibliches Tier so genüsslich wegtragen lässt) von der Straßenmitte zum Wegesrand zu verpflanzen.

Hindernis eins auf dem Weg, den Flug nach Quito pünktlich zu erreichen, liegt erfolgreich gemeistert hinter uns. Doch am Anleger angekommen, an dem man für die etwa fünfminütige Überfahrt auf die »Flughafeninsel« ein Boot besteigen muss, fängt es leider an, richtig zu haken.

Zwar werden wir zusammen mit drei weiteren Fahrgästen einem Boot zugewiesen und das legt auch ab… verharrt dann aber eine gefühlte Ewigkeit in Sichtweite des Ufers. Auf Nachfrage bekommen wir leider keine Antwort und alle Passagiere werden minütlich nervöser und der Blick zur Uhr findet gefühlt sekündlich statt.

Mittlerweile haben wir auch rausgefunden, warum wir nicht am Ufer anlegen: Die beiden einzigen Anlegestellen sind noch von zwei Booten besetzt, die diesen Platz scheinbar nur verlassen, wenn sie wiederum zahlende Fahrgäste aufgenommen haben.

Dem Himmel sei Dank erscheinen dann aber tatsächlich noch einige Mitfahrer auf der anderen Seite und steigen in eines der Boote, wodurch wir endlich anlegen können. Aber es steht weder der

Flughafenbus noch ein Taxi oder Ähnliches bereit, um uns alle zum Terminal zu bringen, und unsere Zeit wird langsam wirklich knapp.

Weitere zehn laaange Minuten später besticht ein junger Mitreisender einen Lkw-Fahrer, ihn zum Flughafen zu fahren, und bietet den dritten Platz in der Fahrerkabine freundlicherweise den verbleibenden Wartenden an. Da wir zu viert sind – keine Chance.

Also heißt es für uns weiter warten und hoffen, dass wir es irgendwie noch rechtzeitig zum Flughafen schaffen. Tick, tack, tick, tack. Da nähert sich endlich der rettende Bus. Alles einsteigen, jetzt haut es doch noch hin.

Aber der Bus steht. Der Fahrer steht entspannt draußen und raucht eine. Seine gewerkschaftliche Pause von einer Kippenlänge? Noch ein dringend erforderlicher Gang auf die Toilette? Nee, so was gibt's hier nicht, fällt mir gerade auf (oje, das könnte bald zu einem Problem werden). Vielleicht noch ein Lunchbreak oder ein Schwätzchen mit den Bootskapitänen?

Mittlerweile versuchen wir, ganz gelassen mit der Situation umzugehen, uns entspannt in dem überhitzten Bus zurückzulehnen und das Mantra zu leben: Was du eh nicht ändern kannst, lohnt auch keine Aufregung oder so ähnlich.

Allerdings beschäftigen wir uns allmählich mit dem Gedanken, was das Verpassen dieses Fluges für Auswirkungen hätte. Da dies der letzte und auch einzige Flug für heute nach Quito ist, kämen wir heute nicht mehr weiter. Auf der »Flughafeninsel« gibt es keine Übernachtungsmöglichkeit, das heißt, wir müssten den ganzen Weg zurück zum Hafen und dort ein Hotelzimmer nehmen und auch unseren morgigen sehr frühen Anschlussflug von Quito nach Miami würden wir nicht erreichen. Puh, da liegt einiges an Umbuchungsaufgaben vor uns, denn superwichtig bei dem Ticket, das wir haben, ein Nichterscheinen, das sogenannte No-Show, würde unseren Flug verfallen lassen. Nur ein rechtzeitiges Umbuchen auf einen anderen Anschluss bewahrt uns davor.

Scheiß aufs Mantra, wir wollen los und diesen Flug erreichen! Also raus aus dem mittlerweile schweißfeuchten Sitz, den Busfahrer gesucht und ihn genervt in allen vorhandenen und mehr oder weniger uns mächtigen Sprachen dazu bringen, sofort loszufahren.

Lag es nun an unser aller sehr beherztem Auftreten oder aber, ganz profan, dass er eh gerade loswollte, der gute Mann steigt endlich ein und fährt über die einsame, einzige Straße auf dieser komplett kargen Geröllinsel hin zum einzigen Gebäude, dem kleinen Flughafen von Galapagos.

Dort angekommen, rennen wir alle zum Terminal, werden glücklicherweise noch abgefertigt und erreichen als Letzte das Flugzeug. Ab nach Quito.

Reisetipp Galapagos:
Schnorcheltour »Tintoreras«, Drei-Stunden-Ausflug, Schnorchelausrüstung ist im Preis inbegriffen. Gegen fünf Dollar Aufpreis bekommt man auch einen Wetsuit – haben wir nicht gemacht und ihn auch nicht vermisst. (Allerdings würde ich immer empfehlen, im Sonnenschutzshirt, ein einfaches T-Shirt tut's auch, im Wasser zu sein.) Wasser gab es an Bord, nach dem Schnorcheln eine kleine Süßigkeit. Ausrüstung war in sehr gutem Zustand und in verschiedenen Größen ausreichend vorhanden.
Sehr empfehlenswert und bitte nicht diese wunderbare Unterwasserwelt versäumen!
Pro Person vierzig, für die Kinder je fünfunddreißig Dollar.
Fazit: Super Preis-Leistungs-Verhältnis, tolles Erlebnis auch für Kinder.

Surfen auf Isabela:
Perfekte Wellenbedingungen für Anfänger und Fortgeschrittene. Surfshop. Bike & Surf,
info@galapagosbikeandsurf.com
www.galapagosbikeandsurf.com
Sehr nette Französisch-Kanadierin, die den Shop zusammen mit ihrem Freund Junior leitet, der auch den Unterricht gibt. Mindestens zwei Stunden Unterricht und danach freies Üben kosteten fünfundvierzig Dollar pro Person.

Übernachtung Galapagos:
Insel Santa Cruz: Hotel Salinas, direkt am Haltepunkt des Busses, sehr einfach.
Wir wohnten im Zimmer Nummer 24,
vier Einzelbetten, für eine Nacht völlig ausreichend, in Laufnähe zum Hafen, von dem aus Boote zu den anderen Inseln starten.
Achtundvierzig Dollar für uns vier, ohne Frühstück.
Meine ganz individuelle Bewertung: einfach, für eine Nacht völlig okay, sofern man keine Ansprüche hat.

Insel Isabela: Hotel Casa Marita, direkt an einem wunderschönen Strand, in Laufnähe zum Hafen, sehr schönes Hotel, individuelle Zimmer unterschiedlicher Preiskategorie, tolles Essen, kostenloses Trinkwasser, gutes Frühstück mit Blick übers Meer, sehr chillig und angenehm. Die Eigentümerin ist selbst vor Ort, spricht Spanisch, Englisch und sehr gut Deutsch und steht gern bei allen Fragen als Ansprechpartnerin hilfreich zur Seite.
Meine ganz individuelle Bewertung: hervorragend.

Unterlagenleser wissen mehr

Quito ~~Miami~~ Quito

Heute Morgen, nach einer etwas unruhigen Nacht im Airport-Suites-Hotel – in dem man wohl nur übernachtet, um die Zeit bis zum nächsten Abflug zu überbrücken, weshalb die Leute zu jeder Tages- und Nachtzeit ein- und auschecken, was nicht immer geräuschlos vonstattengeht –, klingelt der Wecker Viertel vor sechs.

Irgendwie stehe ich auf dieser Reise andauernd echt früh auf. Ist so gar nicht meine Zeit, aber vielleicht bin ich im Anschluss dann endlich ein begeisterter Frühaufsteher? Nein, eher unwahrscheinlich.

Unser Taxi ist rechtzeitig vor dem Hotel und wir sind schwuppdiwupp sogar zwei Stunden und fünfzehn Minuten vor Abflug am Check-in-Schalter. Keine Schlange, alles super, oder: Nein, nicht alles super, die Dame fragt uns auf Spanisch nach einem Formular, das im System sein müsste.

Hä, was für ein Formular? Wissen wir nix von.

Diskussion starten. Ein wichtig aussehender Mann wird hinzugerufen.

Weitere Diskussion, alles auf Spanisch.

Ich spreche keins; bis auf »Dos cervezas mas« – und ich mag nicht mal Bier! Aber das nur am Rande.

Der Mann verschwindet mit unseren Pässen.

Immer wieder wiederholen wir das Mantra: Wir brauchen als

Deutsche doch kein Visum für die USA. Sie sagt immer wieder, wir müssten zu irgendeinem Konsulat.

Hat Trump in unserer kurzen Abstinenz von Nachrichten aller Art auch die Einreisebestimmungen für Deutsche geändert?

Heute Morgen haben wir ja schon online gelesen, dass er eine Mauer zu Mexiko aufbauen möchte. Wer weiß, mit Mauern kennen wir uns ja aus; glücklicherweise aber auch mit dem Einreißen selbiger.

Wichtiger Mann kommt wieder, sagt etwas zur Frau auf Spanisch, die sagt, ich solle mit ihm mitgehen und online am Computer im Untergeschoss die entsprechenden Formulare ausfüllen. Zweites Mal: Hä?

Okay, ich gehe mit, google ESTA-Formular und erhalte einen Vordruck zum Ausfüllen. Ach du Scheiße, was wollen die denn alles wissen?

Wie heißen meine Eltern? Wer sind unsere Kontaktpersonen in den USA? (Dank meiner Berliner Freundin Katrin, die eine Cousine in Florida hat, die sich wiederum über einen Besuch von uns freuen würde, habe ich eine Adresse in den Staaten, die ich angeben kann, mache ich jetzt einfach mal.)

Wer ist mein Notfallkontakt außerhalb der USA? Warum wollen die das denn wissen?

Falls mir etwas passiert, dass meine Leiche per Post dort hinkommt, also raus aus den Staaten? (Ein anderer Sinn erschließt sich mir nicht.)

Und dann muss man auch noch direkt online dafür bezahlen, vierzehn Dollar – also schnell noch die PayPal-Daten erinnern …

Pro Formular brauche ich jedoch eine gefühlte Ewigkeit, definitiv zu lange, denn während noch die Zahlung für das erste Schriftstück von vieren läuft, steht bereits die Check-in-Frau hinter mir und sagt, dass der Flug in zehn Minuten geschlossen wird. Es sind noch siebzig (!) Minuten bis Abflug und egal, wie sehr ich auch bitte, (fast) weine, sauer werde und immer wieder bettle, dass sie uns doch einchecken solle – die Formulare wären doch in wenigen Minuten im System –, sie macht all das nicht, sondern eröffnet mir um exakt sechzig Minuten vor Abflug, dass wir wohl nicht mitfliegen werden.

Ich kotze. – Ich bin stinksauer. – Ich will meinen Ärger loswerden. – Ich kotze immer noch.

Hätten wir doch mal den ganzen Papierkram vor Abflug durchgelesen. Da stand wohl, dass wir dieses Scheißformular benötigen. Argh, tatsächlich unser Verschulden, aber wer liest denn schon diese ganzen blöden Seiten, die nach einer Buchungsbestätigung noch kommen? Ich nicht. Aber ab heute: ich und Sie hoffentlich auch!

Hätten wir doch gestern Abend bereits eingecheckt, dann wären wir schon früher hier aufgelaufen, hätten uns kümmern können und säßen jetzt im Flieger nach Miami.

Hätte die Frau mal gleich gesagt, dass wir das Formular benötigen, und nicht erst den wichtigen Mann geholt, der wieder wegging und dann diskutierte und, und, und. Wir hätten eher am Computer gesessen und hätten alles ausgefüllt.

Hätte die Frau doch besser Englisch gesprochen, dann hätten wir früher herausgefunden, um was es hier überhaupt geht, und hätten … na, Sie wissen schon!

Und bei all meinem Ärger, meiner Wut und dem Bedürfnis, sie irgendwo abzulassen und laut »Scheißeee« zu rufen, kommt Claus auch noch mit seiner vermeintlichen Ruhe (aus der ich ihn aber immer schön rausbekomme 😛) und sagt: »Ach, hätte, hätte, Fahrradkette und hätte der Hund nicht geschissen.«

Blablabla kann ich da nur sagen – von mir aus soll er diese blöden Sprüche auf ein Kissen sticken, aber mich kann er damit in Ruhe lassen.

Wobei, mit einer Sache hat er natürlich recht: Meine ganzen Hättes helfen uns gerade nicht weiter, wir brauchen einen anderen Flug!

Heute? Keine Chance – oder über Lima nach Miami, kostet aber pro Person neunhundert Pfund mehr. Also nein.

Morgen? Nur noch ein Platz ist in unserer Buchungsklasse für Claus übrig, wir drei anderen kosten in einer höheren Klasse auch wieder neunhundert Pfund pro Person. Neeein.

Also übermorgen? Ach verdammt, da wollten wir doch längst in Disney World sein und Achterbahnen runtersausen.

Sicherlich ist das alles nur eine Wendung des Schicksals und diese Maschine stürzt ab – oh, nein, auch ohne uns an Bord wäre das ja wohl der Horror, nein, bitte nicht. Anders: Wenn *wir* in diese Maschine gestiegen wären, dann wäre sie abgestürzt – so wird ein Schuh draus. Und allmählich kann ich mich auch damit anfreunden, dass wir hier gestrandet sind.

Ich sehe mich bereits als Tom Hanks, duschend im Flughafenklo.

So, jetzt heißt es, irgendwie das Beste daraus zu machen. Jahvis sitzt bereits in dem Café am Flughafen an einem Tisch und macht Deutschhausaufgaben. Denn bis jetzt hat er das Unterrichtsmaterial und den Lernstoff, die wir von seiner Schule für unsere viermonatige Auszeit mitbekommen haben, nicht mal angeschaut. Hier ist er also, der perfekte Moment, um mit dem Lernen zu starten. Vidal kämpft unterdessen mit einem Schokodonut und wir überlegen uns, was wir weiter machen.

Hier gibt es ja auch einiges anzuschauen. Also als Erstes muss ein Auto her. Ist natürlich kein Problem am Flughafen und wir fahren gleich los. Unser Ziel ist »La Mitad del Mundo« (frei übersetzt: der Mittelpunkt der Erde), ein vor langer Zeit noch ohne GPS vermeintlich exakt bestimmter Punkt auf dem Äquator, der dem Besucher die Möglichkeit bietet, mit einem Bein auf der südlichen und mit dem anderen auf der nördlichen Halbkugel zu stehen.

Vom Autovermieter haben wir eine per Hand gezeichnete Routenbeschreibung bekommen, sieht ganz einfach aus, geradeaus Richtung Quito, dann einmal rechts abbiegen und immer geradeaus – und schon sind wir da, ist ja auch überall ausgeschildert. Easy. So die Theorie.

Die Praxis: In einer südamerikanischen Stadt auf irgendeine Beschilderung zu hoffen, ist schon recht vermessen, und einmal rechts und dann immer geradeaus gestaltet sich zwar als machbar, aber in keinster Weise zielführend. Dazu kommt noch, dass in Quito an einem jeweils festgelegten Wochentag bestimmte Autos nicht in die Innenstadt fahren dürfen. So hofft man, der stetig wachsenden Verschmutzung durch Autoabgase Herr zu werden. Und – haha, wen wundert's – unser angemietetes Auto hat heute seinen Tag, wir können also nicht in die Innenstadt.

Wollen wir ja auch gar nicht. Nur einmal rechts abbiegen und dann immer geradeaus … Da Claus ganz gut Spanisch spricht und mehrfach nachfragt und ich einen recht guten Orientierungssinn besitze (ja, tatsächlich!), erreichen wir den Mittelpunkt der Erde. Yeah … Passiert aber nicht wirklich viel hier.

Während wir die obligatorischen Fotos knipsen, erfahren wir, dass man hier ein Kilo leichter ist als normalerweise. Warum das so ist, habe ich allerdings nicht verstanden, interessiert mich auch nicht so richtig. Aber wenn dem tatsächlich so wäre, hätte ich erwartet, dass hier ein nie abreißender Strom mit dem eigenen Gewicht hadernder Frauen mekkamäßig um dieses Steinmonument herumpilgert. Dabei preisen die Damen ihr reduziertes Gewicht und hoffen, dass mehrfache Umrundungen sich additiv auf die Gewichtsreduktion auswirken.

Das wäre zumindest erheiternd gewesen.

Gut, dann fahren wir jetzt wieder zurück, dank meines guten – jaja – Orientierungssinns finden wir auch ohne uns zu verfahren und Fragestunden zurück.

Die Frage, die sich uns nun allerdings stellt, ist, wo sollen wir übernachten. Das Airport-Suites-Hotel war ja nur so lala, und noch dazu ist es ausgebucht. Aber ich erinnere mich, dass ich bei unserer ersten Ankunft in Quito zufällig in ein Tor mit der Aufschrift *Hotel* reingeschaut habe; dort sah es superschön aus.

Also fahren wir da vorbei, doch das Tor ist diesmal verschlossen. Von außen erstreckt sich eine lange weiße Mauer um das gesamte Anwesen und wir können nicht mal erahnen, was uns dahinter erwartet.

Nach einmaligem Klingeln öffnet sich die Tür und eine wunderschöne Hazienda kommt zum Vorschein, eingebettet in einen blütenreichen Garten mit Swimmingpool und langer Rutschbahn, Spielplatz, mehreren kleinen Gebäuden, einer kleinen Kapelle zum Heiraten, Volleyballnetz und zwei Fußballtoren, und dann springen auch noch zwei frei laufende Alpakas an mir vorbei.

Schön, ja, hier will ich gern bleiben, soweit Platz vorhanden und das Ganze irgendwie bezahlbar ist. Die überaus freundliche Dame an der Rezeption erklärt mir, dass sie leider voll – eine Collegeklasse aus den USA hat sich hier wohl für ihre Kursfahrt eingebucht – und alle Zimmer belegt seien.

Oje, wirklich alle? Nein, sie hätte noch vier Betten im großen Schlafraum.

Ähm, schlafen denn da noch andere? Nein, nein, da wären wir dann allein.

Außerdem hätten wir noch eine Dusche – tatsächlich waren es sogar zwei im Zimmer –, aber die Toiletten wären außerhalb des Zimmers, dafür aber gleich um die Ecke. Das würde zwanzig Dollar pro Person kosten, die Kinder sind frei.

Nehmen wir! Sofort geht es an die Bettenverteilung, wir haben nämlich zehn zur Auswahl.

Am Abend gibt's im haziendaeigenen Restaurant sogar noch ein Unterhaltungsprogramm. Die Collegeklasse muss scheinbar den gelernten Stoff in einem Test anwenden, wozu Dias gezeigt werden. Spannend auch für uns.

Währenddessen bekommen wir unser Abendessen serviert – hier gibt es keine Karte, sondern für alle das Gleiche, und das ist überaus schmackhaft und ansprechend angerichtet. Wir fühlen uns rundum wohl, trotz einsetzenden Regens und deutlichen Temperatursturzes auf elf Grad.

Allerdings erwartet uns eine unruhige Nacht, da wir immer noch auf eine Nachricht von unserer Travel Agency warten, ob wir morgen früh doch noch Plätze in einer Maschine Richtung USA bekommen. Daher sind unsere Handys an und jedes Geräusch und jede reinkommende Nachricht wecken zumindest Claus und mich.

Allerdings ist nie der erhoffte Anruf oder die E-Mail dabei, dass es doch noch früh für uns losgeht.

Heiße Zeiten in Südamerika

Also weiterhin das Beste daraus machen … Das bedeutet heute, dass wir zu den heißen Quellen, den »Patallacta«, in den Bergen fahren wollen. Hier soll man wunderbar baden und entspannen können. Da Claus mittlerweile schlimme Schmerzen in einer Hüfte hat, ist ein langes, heißes Bad bestimmt eine gute Sache.

Der Weg soll auch wieder ganz einfach sein, geradeaus, dann links, ab hier gekennzeichnet.

Ja, ist klar. Aber nicht mit uns, diesmal haben wir vorgesorgt und uns via Internet eine Karte zum Zielort aufs Handy geladen. Trotzdem verfahren wir uns ein paarmal, bis wir tatsächlich den Weg in die Berge finden, und obwohl es ab hier straßentechnisch sowieso nur noch geradeaus geht, ist unser Zielort jetzt auch ausgeschildert.

Unterwegs lernen wir die südamerikanische Art der Absicherung eines Pannen-Lkw kennen. Ich weiß gar nicht, ob es hier überhaupt Warndreiecke gibt, auf jeden Fall werden stattdessen schon im Voraus ordentlich Äste abgerissen und gut sichtbar auf die Straße gelegt. So weiß hier scheinbar jeder, dass gleich eine Gefahrenstelle kommt, und reduziert seine Geschwindigkeit. Da Claus nach seiner Schulzeit ein Jahr durch Südamerika gereist ist, ist er auch mit dieser Kennzeichnung vertraut. Ich hätte das nur als völlig blödsinnig abgetan, allerdings wäre ich natürlich auch langsamer gefahren, denn die Äste liegen wirklich ordentlich im Weg. Aber damit haben sie ihre Funktion voll erfüllt.

Bei den Quellen angekommen, müssen wir entscheiden, ob wir in den Spa-Bereich des dortigen Hotels oder in die öffentlichen Bäder gehen wollen. Das Spa (Eintritt pro Erwachsener zweiundzwanzig und für Kinder vierzehn Dollar) ist, wie uns die Dame am Counter ausschweifend versichert, natürlich sehr exklusiv.

Wir wählen die öffentlichen Pools. Hier zahlen wir zu viert fünfundzwanzig Dollar und haben ein überraschend großes Areal mit vielen verschiedenen Becken unterschiedlichster Wärmegrade zur Verfügung. Manche Becken sind so heiß, dass man es kaum aushalten kann; aber dennoch sehr entspannend.

Es handelt sich übrigens um durch Magma erhitztes Regenwasser, das angefüllt mit Wärme und verschiedensten Mineralien auch noch therapeutische Wirkungen erzielen soll. Auf jeden Fall tut es saugut!

TINA GEPRÜFT

Ausflugstipps Quito:
Patallacta, die heißen Quellen in der Nähe von Quito, unbedingt die öffentlichen Pools besuchen.
La Mitad del Mundo, der Mittelpunkt der Erde, nicht wirklich spannend, aber sollte man gesehen haben.

Hier haben wir übernachtet:
Zehn Minuten vom Flughafen in Tababela:
Hosteria »San Carlos«. Liebevoll gestaltet, einfach, sauber, Pool, Spielplatz, sehr großer schöner Garten, hervorragendes Preis-Leistungs-Verhältnis.
www.hosteriasancarlos.com
Meine absolute Empfehlung: hervorragend.

Ebenfalls in Tababela, das Airport-Suites-Hotel. Ist okay, schöner Garten zum Frühstücken und für die Kinder zum Fußballspielen, Familienzimmer mit vier Betten vorhanden. Für eine Nacht geht's, Essen ist sehr gut, ansonsten sehr einfach und eventuell auch laut.
Meine subjektive Bewertung: durchschnittlich.

Houston, wir haben ein Problem

Eigentlich war es mir schon im Vorfeld klar: Wenn wir auf diese Reise gehen, könnte es ein größeres Problem geben: *mich!*

Ich würde nur zu gern an den schönen Orten dieser Welt verweilen, ein eigenes kleines Business eröffnen (sofern mir nicht ein Lottogewinn oder eines meiner vielen Aktion-Mensch-Lose eine lebenslange Rente garantieren) und glücklich weiterleben wie im Märchen – und wenn sie nicht gestorben sind …

Ich ahnte zwar schon, dass das passieren würde, aber dass mich bereits unser erster richtiger Stopp auf den Galapagosinseln zum Tüfteln anregen würde, dort ein kleines Hotel zu eröffnen oder einen Surfshop zu leiten, um zu bleiben, hat mich doch etwas überrascht. Wobei, nachdem ich mich schon auf Mallorca, Barbados und etlichen anderen Destinationen geistig eingerichtet hatte, werden jetzt wohl noch so einige Orte dazukommen, und wer weiß, vielleicht kommt diesmal dieser eine magische Moment, der uns alle als Familie entscheiden lässt: Hier wollen wir nie mehr weg!

Nachvollziehbar?

Wahrscheinlich nicht, aber ich gehöre zu der Art Mensch, die relativ wurzellos unterwegs ist. Meine Wurzeln sind meine Familie – ganz konkret meine kleine Kernfamilie, Jahvis, Vidal und Claus –, und wenn die bei mir ist, könnte ich wahrscheinlich überall auf der Welt leben. Und tatsächlich möchte ich auch mit ihr an vielen verschiedenen Orten dieser Welt das Leben im wahrsten Sinne des Wortes (er-)leben.

Ich denke, Claus und ich sind uns da sehr ähnlich, wir glauben fest daran, dass man – egal, wo auf der Welt man sich befindet – Anschluss finden und sich relativ schnell ein soziales Umfeld aufbauen kann. Als wir vor nunmehr fast sieben Jahren nach Berlin gekommen sind, ging es auch recht schnell, dass wir uns einen gemeinsamen netten Freundeskreis aufgebaut haben.

Wir haben sogar schon ein paarmal darüber gesprochen, dass es langsam an der Zeit wäre, wieder weiterzuziehen. Nur unsere Jungs, explizit Jahvis, finden diese Idee nicht sonderlich verlockend, für Kinder in diesem Alter ist das wahrscheinlich normal, am Vertrauten festzuhalten und Veränderungen erst mal nicht so gern an sich ranlassen zu wollen.

Aber – wie so oft im Leben – man wächst mit seinen Herausforderungen. Also warten wir mal ab, wohin es uns gedanklich, träumend oder vielleicht sogar ganz real noch verschlägt. Denn eins ist sicher: There is more to come.

EINKAUFSLISTE MIAMI

Wir machen mittlerweile eine Liste, was wir in Miami, unserem nächsten längeren Stopp, alles besorgen müssen – weil vergessen oder auf Galapagos nicht zu erwerben, aber von uns dringend benötigt. Sie wächst stetig an: Jahvis benötigt *einen Zirkel* für seine Reise-Hausaufgaben und *einen Tintenkiller*. Claus braucht dringend *neue Flipflops*. Seine sind tatsächlich abgelaufen, ich wusste gar nicht, dass es bei dieser Art von Schuhen überhaupt so weit kommen kann. Ich selbst benötige ganz dringend *ein simples weißes Hemd*, habe ich leider nicht eingepackt, aber die Sonneneinstrahlung ist hier so hoch, dass man außer einer luftigen Bluse, die einen vor der Sonne schützt, am besten ganz in Weiß, nichts tragen kann oder möchte.

Jahvis' Sonnenschutzshirt fürs Wasser hat scheinbar den letzten Salzwasseraufenthalt oder Chlor-Pool auf Malle nicht überlebt. Es wird immer länger und gerät langsam völlig aus der Fassung. Bei der Gelegenheit hätte ich eigentlich auch gern *ein neues*, denn wahrscheinlich ist es nur noch eine Frage der Zeit, wann meines den Geist aufgibt. Ich trage es ja wirklich bei jedem Gang ins Wasser, was übrigens mehrere Vorteile hat und sehr empfehlenswert ist. Zum einen verdeckt es mögliche kleinere Rettungsringe und schützt natürlich super gegen Sonne, zum anderen wird die tägliche Einschmierzeit um einiges verringert, weil Bauch, Brust, Rücken, Arme nicht behandelt werden müssen, und letztlich ist es figurtechnisch äußerst schmeichelhaft, wenn man es wie ich in Schwarz trägt.

Außerdem brauchen wir eine *After-Sun-Lotion*, am liebsten ein Aloe-vera-Gel. Hier gibt es zwar Sonnenschutzmilch mit echt hohem Lichtschutzfaktor, aber für danach ist tatsächlich nix zu kriegen. An einigen Körperstellen wäre so eine kühlende Creme am Abend aber schon was Nettes. Ich hatte zwar noch in Deutschland eine neue Tube *Sonnenschutzcreme mit Lichtschutzfaktor 50* gekauft, aber da die Sonneneinstrahlung auf den Galapagosinseln so intensiv war, war die nach einer Woche komplett aufgebraucht.

Zudem fände ich *neue Taucherbrillen* großartig. Unsere sehr innovativen, mit denen wir immer sofort auffallen und bei denen selbst die Seehunde neugierig einen zweiten Blick riskieren, empfinde ich nach unserem Schnorchelausflug zur »Concha de Perla« als nicht mehr gangbar. Zwar kann man an der Wasseroberfläche treibend hervorragend nach unten schauen, aber dann bekommt man immer das Bedürfnis, auch hinunterzutauchen, und das geht nur maximal bis zu einer Tiefe von einem Meter. Sobald man einen Druckausgleich durchführen möchte, ist man im Grunde geliefert, da die eigene Nase durch die Maske unerreichbar bleibt.

»Das kaufen wir in Miami« ist bei uns mittlerweile zum geflügelten Wort für alle anfallenden Bedürfnisse geworden.

Bienvenidos a Miami

The second chance

Auf ein Neues! Nach einer kalten und kurzen Nacht – wir haben alle in unseren Klamotten geschlafen – sind wir um halb fünf aufgestanden. Furchtbare Zeit, ich werde mich nie daran gewöhnen! Aber zumindest brechen wir ganz pünktlich zum Flughafen auf.

Diesmal ist eine ziemlich lange Schlange am Schalter der American Airlines, obwohl es noch gut zwei Stunden bis zum Abflug sind.

Also anstellen, Claus macht noch schnell ein Foto, um zu dokumentieren, dass es nun endlich losgeht. Nach circa zwanzig Minuten Wartezeit sind wir endlich dran.

Die Dame nimmt unsere Unterlagen entgegen, wendet sich ihrem Rechner zu und seufzt: »Sorry, I can't find your booking.« *Oh, nein, jetzt geht das wieder los.*

Sie erklärt uns, dass wir zum LATAM-Schalter (einer südamerikanischen Airline) müssten, da wir dort gebucht seien. Im gewohnten Dauerlauf rennen wir zu diesem Schalter. Gott sei Dank gibt es hier keine Schlange.

Die dortige Dame will uns einchecken und seufzt: »Sorry, you are not flying with us.« *Hä, echt jetzt?*

Sie erklärt uns, dass wir doch mit American Airlines fliegen würden und uns genau dort anstellen müssten, wo wir gerade herkommen.

Also rennen wir wieder zurück – mittlerweile stinksauer und mit dem unangenehmen Gefühl im Bauch, dass wir vielleicht heute doch nicht hier wegkommen.

Zurück zur ersten Check-in-Frau. Wir zeigen ihr nochmals unsere Buchung, sie kann uns wieder nicht finden.

Wir wären *morgen* auf den Flug gebucht. *Ernsthaft?*

Wir verneinen entsetzt; das kann doch jetzt wirklich nicht wahr sein.

Okay, sie schaut, ob überhaupt noch Platz in der Maschine ist, dann könnten wir ja eventuell noch mit. Aber nur eventuell.

Mittlerweile bleibt nur noch eine halbe Stunde, bis der Flug geschlossen wird.

Tatsächlich, es gibt noch Plätze: Wir können mit. Unser Gepäck geht aufs Band – jetzt müssen sie uns fast schon mitnehmen –, und ja, hier sind unsere Bordkarten, letzte Reihe, aber beieinander. Geschafft!

Nach vier Stunden landen wir in Miami. Die großen Fragen, die sich uns nun stellen, sind: Hat Trump nach seinem Wahlsieg bereits die Einreisebestimmungen geändert? Werden wir gleich auf ellenlange Schlangen vor den Immigrationsschaltern treffen?

Claus rechnet jedenfalls mit wenigstens zwei Stunden, bis wir mit allem Drum und Dran in unserem ab Flughafen gebuchten Mietwagen sitzen.

Aber Trump ist ja offiziell noch gar nicht im Amt und – Überraschung – die gesamte Einreise wurde automatisiert und somit *beschleunigt*. Alles wird von uns direkt in einen Computer eingegeben und dann stehen wir nur noch ganz kurz an, um von einem sehr streng dreinblickenden weiblichen Officer kontrolliert zu werden.

Auch hier die Frage danach, wo wir wohnen werden. Man sollte tunlichst eine Antwort parat haben; da kommt es uns wieder sehr zugute, dass wir die Adresse von der Cousine meiner Freundin Katrin angeben können.

Und schon sind wir mit unserem Gepäck, hoch aufgetürmt auf einem Wagen, der hier in Miami satte fünf Dollar kostet, unterwegs. Die ist es uns aber wert, da wir keine gesteigerte Lust verspüren, die schweren Rucksäcke quer durch den Flughafen zu bugsieren, denn wie üblich liegen die Autovermieter nicht gerade in unmittelbarer Nähe.

Auch dorthin schaffen wir es schließlich und stehen nach den Formalitäten im Parkhaus vor einer Reihe mit circa zwanzig Autos, von denen wir uns eines aussuchen dürfen. Alles Dodges, die sich augenscheinlich nur in der Farbe unterscheiden. Wir entscheiden uns für einen schwarzen, den die Kids einfach hammermäßig finden und bitte zukünftig auch zu Hause haben möchten.

Auf geht's in das circa dreihundert Kilometer entfernte Orlando.

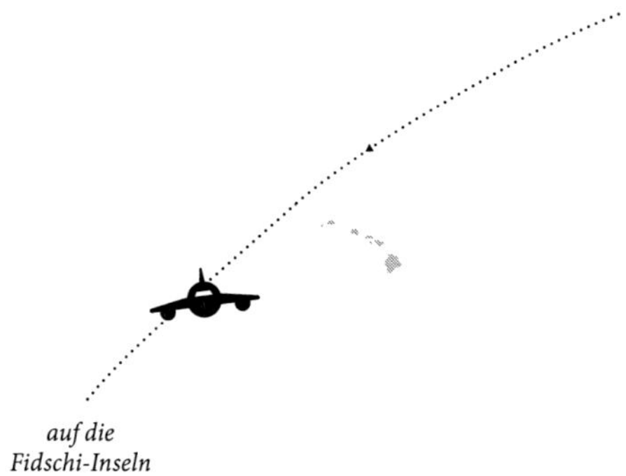
auf die
Fidschi-Inseln

NORDAMERIKA

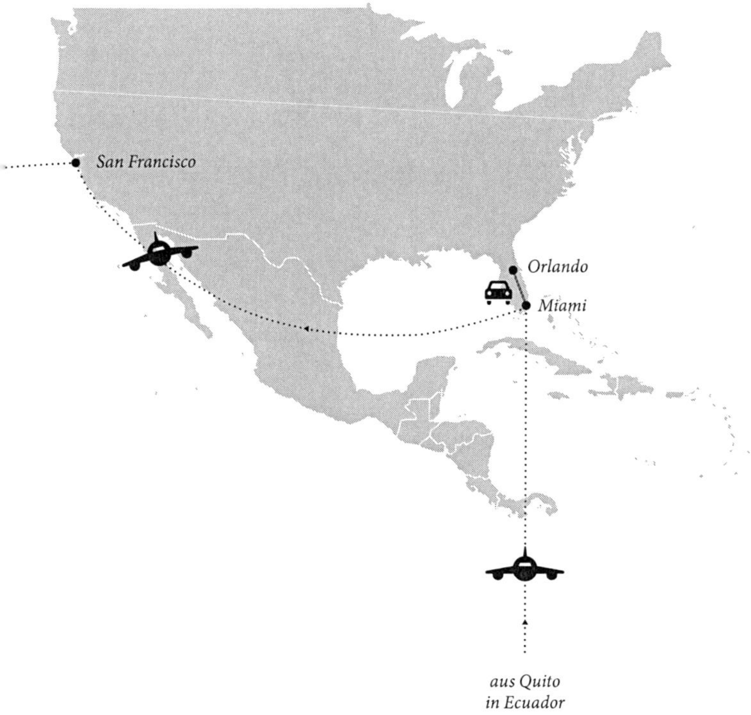

Es kommt ganz dicke Disney World

Und wieder klingelt der Wecker viel zu früh für mich. Claus ist schon längst wach, voller Vorfreude, uns die Disney Parks und seine Wirkungsstätte von vor etwa dreißig Jahren im German Biergarten zu zeigen. Also alle Mann raus aus den Federn, Auto beladen und ab auf einen dieser riesigen Parkplätze, die zu den Parks gehören. Es ist immer noch eine Stunde bis zur offiziellen Parköffnung, aber wir sind längst nicht die Ersten, die sich in den Autostrom zu den Stellplätzen einreihen.

An der Kasse bekomme ich meinen ersten Schock für heute, und es wird auch leider nicht der letzte bleiben. Um Zutritt für einen Tag in die vier Themenparks zu erhalten, müssen wir für zwei Erwachsene, einen Zwölfjährigen und unseren sechsjährigen Vidal – Achtung, festhalten – sechshundertsiebzig Dollar bezahlen. Aber dafür haben wir auch einen Fast-Pass, das bedeutet wohl, wir dürfen neben den langen Schlangen in einer gesonderten Reihe warten und kommen besonders zügig zu den Fahrgeschäften. So die Theorie, zumindest kenne ich das so aus deutschen Parks.

Die Praxis sieht so aus, dass Punkt neun die Parktore öffnen und wir an vorderster Front zu einem von den schnelleren Fahrgeschäften stürmen, mit dem wir alle vier gemeinsam fahren dürfen. Nach zwei Minuten sind wir auch an der Reihe einzusteigen, jedoch erklärt Vidal in diesem Moment völlig überraschend, dass er das doch lieber lassen möchte.

Hallo? Wir sind doch eine spaßige und sportliche Familie und sowieso: »Einer für alle und alle für einen« und überhaupt »Das ist doch null schlimm«.

Was soll ich sagen: Nur mit der kleinen Notlüge, dass wir leider gar nicht mehr durch die Wartenden zurückkommen und ich ihm die ganze Zeit die Augen zuhalten werde – Ehrenwort –, haben wir es geschafft, dass wir doch noch alle gemeinsam einstiegen und dabei auf die Umstehenden nicht wie Eltern wirkten, die ihr armes Kind zu solchen Aktivitäten zwingen. Hätten wir ansonsten getan, oder? Nein, sicher nicht …

Natürlich machte ihm die Fahrt auch sehenden Auges totalen Spaß und im Anschluss wollte er gleich noch mal fahren, aber wir hatten ja noch Programm vor uns und keine Zeit dafür, einzelne Attraktionen mehrfach zu fahren. Außerdem war die Schlange laut Anzeige mittlerweile auf dreißig Minuten Wartezeit angewachsen. Also weiter im Laufschritt.

Die nächste Attraktion ist noch gut zugänglich, ein virtueller Flug zum Mars, super gemacht, aber ab jetzt fängt's leider an zu haken. Ein Fast-Pass bedeutet bei Disney lediglich, dass man sich an bestimmten Terminals einloggen kann und eine Übersicht über freie Kapazitäten bei den Fahrgeschäften zu bestimmten Uhrzeiten erhält, um sich dann für maximal vier Attraktionen vorab zu registrieren.

Praktisch waren wir eine Stunde nach der Parköffnung um zehn als Erste für zwölf Uhr im 4-D-Kino eingebucht und hatten um vierzehn Uhr eine feste Verabredung mit Dumbo (ja, das Kinderkarussell mit dem fliegenden Elefanten ab null Jahre). Direkt im Anschluss um halb vier erwartete uns die Mini-Achterbahn (ebenfalls ab null Jahre) und um halb fünf würde es ein Stelldichein beim süßen Nemo (die Nemo-Bahn) geben.

Die Achterbahn, auf die sich Claus und Jahvis besonders gefreut hatten, war noch für halb neun abends buchbar, darauf verzichteten wir aber zu diesem Zeitpunkt lieber, immerhin zehn Stunden vorher.

Tatsächlich haben wir es an diesem laaangen Tag geschafft, folgende Attraktionen mitzunehmen: Cars-Autorennen (alle vier), mit Dumbo fliegen (alle), mit dem Spaceshuttle auf dem Mars landen (alle), 4-D-Kino (alle), Star-Wars-Kinozusammenfassung aller bisherigen Folgen (circa zwanzig Minuten, zu viert), Arielle-Bahn (Vidal und ich), Freefalltower »Twilight« (Claus und Jahvis), Kurzachterbahn (alle), Nemo-Bahn (alle) und die Stuntshow »Indiana Jones« (alle).

Ich weiß, so sollte man eigentlich nicht rechnen, aber ich mache das jetzt trotzdem mal: Runtergerechnet haben wir pro Fahrt knapp neunzehn Dollar bezahlt. Man muss natürlich einrechnen, dass das ganze Ambiente mit dazugehört, die Disney-getreuen Aufbauten, die rumlaufenden Figuren und all das.

Trotzdem ganz schön happig, und ich habe keinen Schimmer, wie sich das Familien mehrere Tage am Stück plus Übernachtung und Essen, eventuell sogar direkt in den Parks, leisten können. Aber ich muss neidlos anerkennen, dass ein ausgeklügeltes Konzept hinter diesen Parks steckt – wie perfekt durchorganisiert alle Abläufe sind und was für Menschenmassen hier tatsächlich jeden Tag fröhlich durchgeschleust werden.

Übrigens verlor Walt Disney in seinen beruflichen Anfangsjahren seinen Job bei einer Zeitung, weil er angeblich »keine Vorstellungskraft« und »keine originellen Ideen« hatte. Das nur mal am Rande.

Auf jeden Fall haben uns am späten Abend, während wir am Ufer des Sees am legendären German Biergarten – in dem Claus vor dreißig Jahren ein Jahr als kultureller Repräsentant, also Kellner in typisch deutschen Lederhosen, gearbeitet hat – das tagtägliche Feuerwerk betrachteten, echt die Füße gequalmt.

Rückblickend bin ich wahnsinnig froh darüber, dass wir unseren Flug in Quito verpasst haben und uns dadurch nur ein Tag in den Disney Parks bleibt. Alles im Sinne unserer Nerven und unseres Portemonnaies – eine wahrlich glückliche Wendung des Schicksals! Definitiv ein Zeichen dafür, dass es immer einen guten Grund für unverhoffte Wendungen gibt.

Aber noch ist der heutige, mittlerweile schon hammerlange Tag nicht zu Ende, wir müssen noch den langen Rückweg nach Fort Lauderdale antreten, weil Claus morgen von dort aus geschäftlich nach Europa fliegen wird und wir dann ohne Auto dastehen. Also sollten wir vorher noch eine Unterkunft, möglichst fußläufig zum Strand, für die nächsten Tage finden.

Echt heftig und eigentlich so gar nicht mein Ding, jetzt noch diese Strecke anzugehen, aber mein Unwillen darüber, den ich – Überraschung – natürlich nicht in mich reinfresse, hält mich, wenngleich grummelnd, wenigstens die erste Zeit locker wach; und somit auch Claus.

Aber ich muss wirklich sagen, das war ein ziemlicher Gewaltritt, und als wir dann endlich gegen drei Uhr morgens in Hollywood Beach ankommen, finden wir alle kleineren Hotels und Pensionen dunkel und nächtlich verschlossen vor. Nur die großen und sehr teuren Hotelketten haben Nachtportiers am Start, aber so schnell geben wir selbst um diese Uhrzeit nicht auf.

Doch wie immer ist das Glück mit uns, denn wir spüren ein Hotelchen mit einem wachen Angestellten auf, der uns ein gerade noch bezahlbares Zimmer für die wenigen verbleibenden Stunden der Nacht vermietet. Auch die inklusivierten kleinen Kakerlaken stören selbst mich nicht mehr, da wir in einen tiefen, komatösen Schlaf fallen.

Am nächsten Vormittag machen wir uns auf die Suche nach einem Zimmer für die kommenden fünf Tage, die wir ohne Claus verbringen werden. Bei einem indischen Ehepaar, das ein Apartmentmotel in dritter Reihe betreibt, werden wir schließlich fündig. Sehr einfach, aber ausgestattet mit Schlafzimmer, Wohnzimmer und Küche, ebenerdig direkt an einem kleinen Pool und mit einem älteren Nachbarn, einem französisch-kanadischen Mann, den ich zwar zu keiner Zeit verstehe, weil – typisch französisch – ausnahmslos nur die eigene Sprache gesprochen wird, der aber jeden Abend zum Sonnenuntergang wunderschön auf seinem Akkordeon spielt. (Im Gegenzug versteht er mich aber auch nicht. Das kommt dann davon – der kann ja gar nicht ermessen, was er da alles verpasst.)

Ich fühle mich direkt heimisch, das hat so was von einer Billigversion von Melrose Place, der Serie aus den Neunzigern, nur in älter, mit Kindern, kleinem Pool, indischen Essensgerüchen (sehr lecker), keinem Ausblick und einfachster Ausstattung, aber ansonsten: wirklich eins zu eins, ganz genau so ☺).

WIR SIND AB JETZT ZIEHENDE

Ja, ich weiß, wir wollten die Welt als coole Backpacker umrunden. Aber wenn man sich schon allein das Wort anschaut – sich was auf den Rücken packen –, da liegt doch der Fehler bereits im System, oder? Ich möchte mich doch gerade von den ganzen Lasten, die auf meinen Schultern liegen, befreien und nicht noch mehr mit mir rumschleppen.

Anders ausgedrückt: Meine Laune geht jedes Mal in den Keller, wenn ich mir meinen Fünfzehn-Kilo-gefühlte-vierzig-Rucksack auf den Rücken hieve und noch einen kleineren vor die Brust schnalle. Das kann es doch wirklich nicht sein.

Und mal ganz ehrlich, Hand aufs Herz, die Backpackergemeinde würde uns doch sowohl alterstechnisch als auch optisch und familienkonstellationstechnisch eh nicht anerkennen. Warum dann also leiden?

Ich will eine *Ziehende* sein! Sowohl koffertechnisch als auch wortmäßig.

Da müssen wir jetzt also »leider« in die nächste Mall – wir nehmen mal besser gleich die größte, die wir im Umkreis finden – und besorgen zwei Ziehkoffer … und eine weiße Bluse für mich … und zwei Daybeds, man will doch auch bequem am Strand liegen. Leider gibt's erst mal keine neuen Flipflops für Claus (Schuhe sollte man ja eh besser anprobieren 😄), dafür aber: Sonnenmilch und Après Sun und Sonnenschutzshirts für die Jungs.

Die nächste Liste ist schnell geschrieben: Das kaufen wir dann in Hongkong!

Damit sind wir sowieso raus aus der coolen Backpackerszene.

FLIEGEN ODER NICHT FLIEGEN, DAS IST HIER DIE FRAGE

MIAMI – SAN FRANCISCO ... HOFFENTLICH

Schwuppdiwupp ist auch schon der letzte Tag in Florida angebrochen. Claus ist am Vormittag aus Europa zurückgekehrt und gemeinsam schlendern wir noch mal schön an der Uferpromenade entlang. Dabei rege ich mich künstlich über diese ganzen dickbäuchigen älteren Männer auf, die, oben ohne, ihre prall gefüllten Bäuche stolz vor sich herschieben. Die meinen das echt ernst und scheinen sich sogar schön zu finden. Natürlich darf und soll jeder so sein, wie er mag, aber dieses Gehabe ist schon ganz schön peinlich – und im Zweifel gibt es doch so nette T-Shirts.

Auch sonst stellt sich langsam eine Es-reicht-jetzt-Haltung zum amerikanischen Way of Life bei mir ein. Ich mag zwar diese sicherlich nicht immer ernst gemeinte aufgesetzte Freundlichkeit bei Weitem mehr als die miesepetrige Laune, die in unseren Breitengraden des Öfteren anzutreffen ist, aber zunehmend bereitet mir das Desinteresse des Durchschnittsamerikaners an Weltgeschehen, Umweltschutz und Klimawandel Probleme und ich bin ehrlich gesagt doch etwas verstört, als mich ein älterer Mann auf der Promenade anspricht und aufgrund meiner Unterhaltung mit den Jungs nach unserer Nationalität fragt, um dann als nächsten Satz ernsthaft in den Raum zu werfen, dass wir ja jetzt sicherlich alle Angst vor »ihnen« hätten, jetzt, da sie Trump zum Präsidenten gewählt haben. Tatsächlich machen die mir so langsam wirklich Angst, die Amis, allerdings mehr durch ihre Einfältigkeit. (Dummheit erscheint mir etwas zu krass zu schreiben, aber trifft es in dem Falle vielleicht sogar noch besser.)

Ist vielleicht aber auch echt zu viel Sonne, die sich die Menschen hier tagtäglich auf die Birne brennen lassen, da kann das Denken schon mal eintrocknen. Dann lieber nichts wie aufgerappelt: Lassen wir den Sunshine State hinter uns und auf zu unserer nächsten Etappe, dem intellektuell anspruchsvolleren (oh, bitte) San Francisco.

Befremdlicherweise sagt der Kapitän der Maschine, in der wir sitzen, während seiner Begrüßung und bevor die Türen geschlossen werden, dass dies die letzte Möglichkeit sei, das Flugzeug zu verlassen. Das habe ich so auch noch nicht gehört – aber gut. Niemand nimmt das in Anspruch und wir rollen auf die Startbahn: Ab nach Kalifornien!

Oder auch nicht. Wir stehen am Anfang der Startbahn, ready to abzuheben und … nix passiert. Die Mühle springt nicht an, oder genauer: Eines der Triebwerke will nicht.

Das Problem kenne ich, meinem ersten Auto, einer Ente, musste man wegen des defekten Anlassers beim Starten mit einem Hammer auf den – keine Ahnung, wie das heißt – klopfen, dann sprang es an. Mit Klopfen ist es in diesem Fall wohl nicht getan, hier wird resettet. Hilft aber auch nichts.

Also rollen wir wieder zurück an einen »Finger«; ein Mechaniker kommt an Bord, später ein Computerspezialist, der erneut resettet (Computer an/aus?). Der Flugkapitän hält uns die ganzen zwanzig Minuten lang auf dem Laufenden und eröffnet uns nun die Möglichkeit, das Flugzeug doch noch zu verlassen. Allerdings darf man dann nicht mehr zurück.

Tja, ist das einer dieser Momente? Jetzt noch schnell aussteigen und nachher total froh drüber sein, dass man auf seinen Bauch gehört hat?

»Hallo, Bauch? Möchtest du mir gerade etwas sagen? Wenn ja, ist genau *jetzt* der Moment, zu sprechen oder für immer zu schweigen.«

»Sorry, war nur so prosaisch dahergesagt, natürlich nicht für immer schweigen, *bitte*!«

Ich bekomme keine Antwort, nicht mal ein Knurren, also bleiben wir standhaft und mutig sitzen, und zwei Stunden später rollen wir auch endlich los. Alle Triebwerke springen an und bringen uns Richtung Kalifornien.

Tina Taxischreck

Durch die Verzögerung erreichen wir San Francisco erst gegen dreiundzwanzig Uhr; wir sind ganz schön müde. Da wir noch in Miami unser Hotel im angesagten Distrikt Fisherman's Wharf gebucht haben, müssen wir nur noch ins Taxi steigen und ab in unsere Unterkunft.

Aber Taxis und ich, das ist immer so eine Sache: Selbst in Berlin gerate ich regelmäßig mit Taxifahrern aneinander, weil sie trotz meiner bereits obligatorisch geäußerten Ansage beim Einstieg – ich hätte es überhaupt nicht eilig – fast alle meinen, dass Geschwindigkeitsbegrenzungen nicht für sie gelten. Das löst wiederum in mir großes Unbehagen aus, da ich diesem mir völlig unbekannten Menschen gewissermaßen mein Leben für diese gemeinsame Fahrt anvertraue und ich ja gar nicht weiß, wie gut dieser Mensch sein Auto beherrscht, wie müde er gegebenenfalls bereits ist oder ob er eventuell von Stress und Aggressionen getrieben ist, weil seine Frau gerade mit einem anderen das Weite gesucht hat und er jetzt auf weibliche Wesen im Allgemeinen sehr schlecht zu sprechen ist. Alles möglich.

Ganz davon abgesehen, dass es – zurück zum Speed Limit – diese Geschwindigkeitsbegrenzungen ja nicht umsonst gibt und sie für alle verbindlich sind. Damit stehe ich aber scheinbar relativ allein da und sehr häufig wird mein Unbehagen nicht gerade freundlich aufgenommen.

Bei einer meiner letzten Fahrten vom Berliner Flughafen nach Hause verschlug es mich ins Auto eines sehr alten asiatischen Mannes mit dicker Brille, der auf meine Einstiegsansage hin nur grunzte, um dann in einem Baustellenbereich schön von den angeratenen sechzig auf neunzig Stundenkilometer zu beschleunigen und die anderen langsam fahrenden Autos trotz Überholverbots entspannt hinter sich zu lassen. Als wir dem nächsten Überholverbotsschild entgegenrauschten, machte ich ihn freundlich darauf aufmerksam, dass er hier nicht an anderen Autos vorbeifahren dürfe, was in einem wütenden Wortschwall seinerseits gipfelte, dass er weder ein Schild sehe – es flog gerade auf der rechten Seite an uns vorbei – noch solle ich mich in seinen Fahrstil einmischen. Das ergab zumindest meine Interpretation der mir verständlichen Wortfetzen.

Das war eine der Fahrten in Deutschland, die mir definitiv im Gedächtnis bleiben werden, nur noch getoppt von einem Fahrer, der mir, die ich gerade mit einer Freundin telefonierte, ins Gespräch reinbrüllte, dass ich jetzt endlich das blöde Telefonieren sein lassen solle, da es seine Instrumente störe. Ich habe es dann vorgezogen, diesen »Flug« sofort zu verlassen.

Aber solche Taxierlebnisse sind nicht nur für mich interessante Erfahrungen, oftmals kommt auch Claus auf seine Kosten, der, wenn wir zu viert unterwegs sind, immer vorne sitzen darf. Dafür muss er aber auch meistens – von mir angeregt; netteres Wort für eingefordert – den Fahrer darauf aufmerksam machen, hier und da doch bitte langsamer zu fahren.

Das unglaublichste Erlebnis hatten wir diesbezüglich in Abu Dhabi, als wir einen nächtlichen Ausflug in die Wüste machten und unser Fahrer auf der Rückfahrt zum Hotel wie ein Wahnsinniger Gas gab und auch an den unübersichtlichsten Stellen überholte. Nachdem mein Einwand als Frau völlig ignoriert wurde, bekam Claus – immer noch freundlich – nur zur Antwort, dass er, der Fahrer, immerhin noch einen mehrstündigen Rückweg vor sich und es deshalb echt eilig hätte. Uns blieb nur, die Karte »Who pays plays« zu ziehen und ihm anzudrohen, so nicht zu bezahlen und uns bei seinem Arbeitgeber über ihn zu beschweren. Funktionierte zwar, allerdings töteten uns seine Blicke direkt an Ort und Stelle.

Sorry, liebe Männer, irgendwie passiert mir das immer nur mit dem männlichen Geschlecht und insofern bin ich auch total froh, dass wir hier in San Francisco zu einer Frau ins Taxi steigen, die freundlich auf die nächtliche, leider auch verregnete Autobahn Richtung Stadt losfährt… in einem Affentempo! Ich glaub's ja nicht.

Als ich ihr nun von Frau zu Frau sage, dass ich leider ängstlich sei und sie doch bitte langsamer fahren solle, erklärt sie uns kurz und knapp, dass sie so schnell fahren müsse, ansonsten würde eine Strafe wegen zu langsamen Fahrens fällig. Auf meine Bemerkung, dass wir aber alle anderen Verkehrsteilnehmer überholen und weit hinter uns lassen würden und das ja wohl nicht richtig sein könne, stellt sie einfach das Gespräch ein. Bei der Vergabe des Trinkgelds habe ich es ihr dann gleichgetan. Leider nur eine minimale Genugtuung.

Irgendwie sehe ich für diese Berufsgruppe und mich, was Freundschaften fürs Leben angeht, relativ schwarz.

IF YOU'RE GOING TO SAN FRANCISCO

Make sure to wear some warme Kleidung!

Nachdem wir dann doch noch wohlbehalten die erste Nacht in unserem sehr stylishen Hotel im Fisherman's Wharf District verbringen konnten, empfängt uns San Francisco mit strahlendem Sonnenschein; allerdings ist es auch ganz schön frisch. Mit möglichst viel Kleidung übereinander gezogen, buchen wir spontan eine Besichtigungstour auf den Felsen von Alcatraz übers Internet.

Der fußläufige Hafen ist zwar sehr touristisch, aber trotzdem wohl ein Muss für jeden San-Francisco-Besucher, ebenso wie die kurze Bootsfahrt auf den wohl berühmtesten Gefängnisfelsen der Welt.

Dort angekommen, darf man sich relativ frei auf dem gesamten Areal bewegen, die alten Zellen besichtigen oder sich einer geführten Tour anschließen. Wir entscheiden uns fürs freie Laufen und versuchen, mit Claus Schritt zu halten, der völlig in die Welt von Alcatraz und die vielen hier gedrehten Filme eintaucht und beschwingten Fußes über die Insel geht. Dabei gibt er ausschweifend von sich, wie wahnsinnig toll, unglaublich beeindruckend, spannend, aufregend, bewegend usw. usw. dies alles sei. Ob wir das nicht auch so empfänden?

Also aktuell empfinde ich besonders ein immer deutlicher werdendes Ziehen im Magen, aber leider ist es nicht nur untersagt, eigenes Essen mit auf die Insel zu bringen, es gibt auch keine Möglichkeit, vor Ort etwas Essbares zu kaufen. Aber eine klitzekleine Notration habe ich ja meistens noch irgendwo in den Tiefen meiner Taschen gebunkert und so verzehren wir, natürlich klammheimlich, ein paar Kekse. So gestärkt, klappt's zwar noch immer nicht mit dem Nachbarn, aber mit dem Beeindrucktsein schon. Ich finde vor allem diese winzigen Zellen, von denen es echt viele gibt, beklemmend und bin ehrlich überrascht, auf einem Originalfoto Al Capone zu sehen, der eher wie ein netter, eher kurz gewachsener, durchschnittlicher Mann aussieht. Einem deutschen Schauspieler nicht ganz unähnlich, den ich aber wegen des »durchschnittlich« lieber nicht namentlich erwähnen möchte.

Da wir nun richtig in die Filmwelt von Hollywood eingetaucht sind, zählt uns Claus gleich mal alle ihm bekannten Alcatraz-Filme auf und verspricht, dass wir die alle mal wieder anschauen. Aber vorerst wandeln wir weiter auf den Spuren von echten Hollywood-Größen, und da darf natürlich auch sein absoluter Lieblingsfilm in dieser Kino-Revival-Tour nicht fehlen. Selbstverständlich nehmen wir unser Mittagessen im Bubba-Shrimp-Restaurant aus »Forrest Gump« ein, auch wenn wir restlichen drei Shrimps nicht mal mögen, aber wir sind in Amerika und Pommes gehen und gibt es immer. Immerhin haben wir jetzt auch ein supertolles Plastikglas aus dem Laden mit Bubba-Shrimp-Aufdruck in unserem Reisegepäck, das kann sogar blinken – na dann: juchhu, oder so.

Man sagt übrigens gar nicht Frisco, also zumindest nicht, wenn man sich nicht als absoluter Pseudo-Touri outen möchte. Also *San Francisco* besucht man nicht, ohne die berühmten Cable Cars zu fahren, was nicht nur den Kindern viel Spaß macht, sondern auch einen recht guten Eindruck von der Innenstadt vermittelt. Die ist echt schön und so ganz anders als die der anderen amerikanischen Großstädte, die ich bis jetzt kennengelernt habe. Eher europäisch angehaucht und man kann sie auch super zu Fuß erkunden.

Jahvis ist total begeistert und überlegt, ob dies eine Stadt für ihn wäre, in der man nach der Schule vielleicht mehr Zeit verbringen könnte. Kann ich einerseits gut verstehen, andererseits ist in meinem Hinterkopf doch eine dauerhafte, kleine Alarmlampe angetackert, die Bereitschaft hat, weil ein großes Beben in der Stadt angekündigt ist. Dass es ein Erdbeben von größerem Ausmaß geben soll, da sind sich die Wissenschaftler ja wohl einig, nur das Wann wagt niemand zu bestimmen und irgendwie macht mir das zumindest ein ganz kleines bisschen Angst, da es ja tatsächlich ohne Vorwarnung losgehen könnte – bei strahlendem Sonnenschein, im Regen, tags oder nachts, definitiv unerwartet. Zum Beispiel gerade in diesem Augenblick. Vorsichtshalber nehme ich im Hotel lieber nicht den Fahrstuhl, ist ja auch viel gesünder.

Ob man dieses Gefühl, wenn man hier lebt, komplett ausblenden kann? Muss man wahrscheinlich, sonst macht es ja auch keinen Spaß, in dieser schönen Metropole zu sein. Also entscheide ich, dass ich – bis auf den Verzicht von Aufzugsfahrten – diese Stadt während unseres kurzen Aufenthalts genießen werde. Unser kurzer Stopp verfliegt ohnehin leider viel zu schnell, denn am nächsten Abend fliegen wir schon weiter in Richtung Sehnsuchtsziel Südsee.

TINA GEPRÜFT

Hier haben wir in San Francisco übernachtet:
Hotel Zephyr, direkt am Hafen, sehr stylish,
toller Spielraum und Außenbereich, super Lage,
zwei Doppelbetten, sehr bequem zu viert nutzbar,
Bad, circa hundertfünfzig Dollar,
definitiv zu empfehlen. www.hotelzephyrsf.com
Ausflugstipp:
Fahrt nach Alcatraz, unbedingt im Netz vorbuchen
(Hotels sind da meist behilflich).
Cable Car ein Must-do, einfach an einer der
Haltestellen zusteigen.

WO BIN ICH UND WANN

THE MISSING DAY

Der 23. Januar existiert nicht in unserem Leben.

Existieren wir dann am 23. Januar 2017? Wenn ja, wo genau?

Tatsächlich entfällt dieser Tag für uns durch das Passieren der Datumsgrenze völlig und es gibt bestimmt viele kluge Köpfe, die mir diesen Umstand des fehlenden Tages perfekt erklären könnten und wüssten, dass trotz Zeitverschiebung kein Tag wirklich fehlt.

Für mich fühlt es sich aber dennoch so an, als wäre mir ein Tag in meinem Leben irgendwie verloren gegangen. Was, wenn es das Schicksal wirklich gibt und eigentlich geplant war, dass einer von uns am 23. Januar 2017 eine wichtige, vielleicht sogar weltbewegende – okay, ein bisschen hoch gegriffen –, also sehr wichtige Handlung vornehmen sollte? Wir aber de facto am 23. Januar 2017 nirgendwo waren? Und somit auch nichts machen konnten?

Haben wir so vielleicht eine nicht vorhersehbare Veränderung in unser aller Schicksal herbeigeführt? Was wäre denn gewesen, wenn man genau an diesem Tag hätte sterben sollen? Wird man dann vergessen? Das wiederum könnte ja ganz interessant sein.

Bleibt aber die Frage: Wo waren wir denn nun wirklich, genau am 23. Januar 2017, für vierundzwanzig Stunden? Wohin ging zum Beispiel ein Anruf dieses Tages, der an mich gerichtet war? Und kann ich diesen Tag am Ende meines Lebens wieder einfordern? Also falls es da eine entsprechende Beschwerdestelle geben sollte.

Ich muss gestehen, mein Hirn ist leider so konzipiert, dass es sich vehement weigert, diesen Umstand wirklich nachzuvollziehen, um ehrlich zu sein, versuche ich das auch gar nicht wirklich.

Die Frage ›Wer bin ich und wie viele?‹ abzuwandeln in ›Wann bin ich und wo?‹ macht zumindest mir bei Weitem mehr Freude als alle wissenschaftlichen und durchdachten Antworten über die Datumsgrenze.

Für die Klardenker unter Ihnen hier noch mal die genauen Fakten: Am Abend des 22. Januar 2017 sind wir in San Francisco ins Flugzeug gestiegen, uns erwartete ein circa zehnstündiger Flug, und am 24. Januar 2017 Ortszeit von Fidschi landeten wir um halb sechs in der Südsee.

Alles klar?

SÜDSEE / FIDSCHI

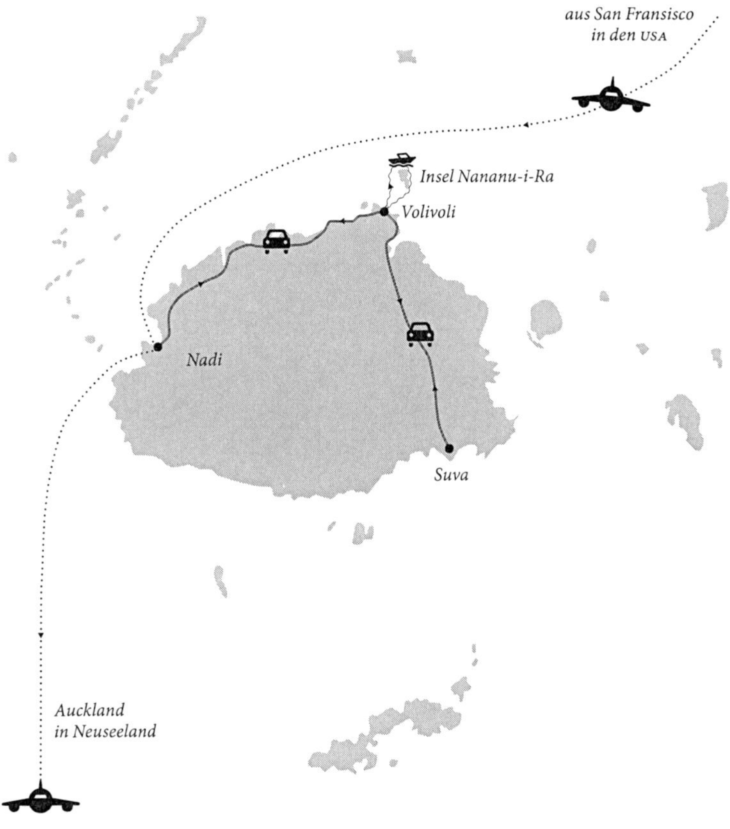

SCHLANGEN IM PARADIES

ES IST HEUTE – NIKUA (FIDSCHIANISCH)

Nachdem wir durch eine nicht enden wollende Nacht geflogen sind, zeigt sich am Horizont ein wunderschöner tiefgoldroter Sonnenstrahl; genau als wir uns im Anflug auf Fidschi befinden. Und Touchdown im Paradies: die Südsee!

Vor ziemlich genau sechzehn Jahren war ich schon einmal hier, allerdings auf den zu Französisch-Polynesien gehörenden Inseln Bora Bora, Moorea und Tahiti und zum Arbeiten auf dem »Traumschiff«. Aus dieser Zeit habe ich nur noch Erinnerungen an paradiesisch schöne Inseln, eine Unterwasserwelt, die ihresgleichen sucht, und seeehr teure Hotels.

Daher haben wir uns bei unserer groben Planung auch für Fidschi und die dazugehörigen vielen Inseln entschieden. Außerdem hat Air Fiji ein ziemlich großes Streckennetz und einen erschwinglichen Airpass.

Wobei wir alle gerade ein wenig flug- und reisemüde sind. Das war schon ein ganz schöner Ritt in den letzten gerade mal drei Wochen und daher freuen wir uns einfach nur sehr auf einen wunderschönen Strand mit hellblauem Wasser und die Fische, die uns mehr oder weniger aus der Hand fressen – auf den gängigen Südseetraum eben.

Genauso wie man sich die Südsee vorstellt und wie sie in unzähligen Filmen stattfindet und wie ich sie tatsächlich auch bei meinem »Traumschiff«-Dreh erlebt habe.

Bei unserer Ankunft spielt eine kleine Musikgruppe auf Ukulelen typische Südseeklänge und die Männer singen dazu – ja, das lässt sich gleich gut an!

Es ist noch recht früh hier, wobei mein Körper und mein Geist gemeinschaftlich ziemlich überfordert sind, was Uhrzeiten, Tages- und Biorhythmus angeht. Ehrlich gesagt habe ich auch keine Vorstellung mehr davon, wie viel Uhr wir jetzt zu Hause haben oder welchen Tag.

Ist ja aber auch egal, jetzt sind wir hier, am Flughafen von Fidschi … unsere Abholung allerdings nicht. Aber hey, wir sind im Paradies und die Menschen total freundlich und hilfsbereit. Wartende Taxifahrer fragen uns, ob sie uns irgendwo hinbringen können; auf unsere Verneinung mit dem Argument, wir würden ja abgeholt (hoffen wir zumindest), fragen sie uns, wohin wir denn wollen und auf wen wir warten. Natürlich rufen sie gleich unseren Fahrer an, scheinbar kennt man sich hier, und teilen uns mit, dass die Abholung in circa zehn Minuten da wäre. Läuft.

Ankunft Hotel: Wir treffen auf eine sehr relaxte (nett ausgedrückt für lahmarschig und desinteressiert) Hotelangestellte, die unsere Buchung nicht finden kann – das ist ja mittlerweile schon Usus bei uns, aber wir haben ja eine Buchungsbestätigung und ziehen in einen einfachen, aber hübschen Bungalow mit Meerblick ein. Wobei Meerblick? Eher ganz schön Ebbe hier, das Meer ist extrem weit weg und zurück bleibt ein etwas matschiger, sehr breiter Strandabschnitt. Aber egal, wir schicken die Jungs erst mal an den Strand, ein bisschen toben, während wir uns kurz »einrichten«.

Als sie nach ein paar Minuten aufgeregt zurückkehren, weil sie einen riesigen Krebs getroffen haben – der vor ihnen geflohen ist, sie aber vorsichtshalber auch vor ihm –, beschließen wir, alle mal zum Matschestrand zu gehen.

Anstelle des Krebses kommt ein anderer Tourist sehr zielstrebig auf uns zu, um uns gleich darüber zu unterrichten, dass wir bloß vorsichtig sein sollen, da es am Strand eine wilde Hundemeute gibt, die vor zwei Tagen tatsächlich eine junge Frau gebissen hat. Also bitte die Kinder auf keinen Fall allein an den Strand lassen.

Äh, hallo, Paradies? Was soll das denn jetzt?

Okay, dann frühstücken wir erst mal, und im Anschluss gehen wir alle gemeinsam auf einen Strandspaziergang.

Das heißt, nein, nicht wirklich, denn nach den ersten paar Metern wird uns von anderer touristischer Seite vehement angeraten, besser auch als Erwachsene nicht da lang zu gehen, und wenn überhaupt, dann nur mit großen Stöcken bewaffnet.

Mobilmachung gegen Hunde oder am ›Pool ist's doch auch ganz nett‹? Also: Pool und die Erkenntnis, dass das Paradies wohl immer mit Schlange – oder in dem Fall: Hund – daherkommt.

Später habe ich tatsächlich drei bis vier Hunde am Strand gesehen. Die haben sich auch definitiv zusammengerottet, allerdings, und das möchte ich hier nicht unerwähnt lassen, hatten sie die Größe von Chihuahuas. Aber man weiß ja auch, dass diese Hunderasse, besonders wenn sie sich in Gruppen zusammenrottet, *definitiv* eine große Gefahr darstellen kann 😂.

Nicht ausführlich darauf eingehen möchte ich, dass Claus erst hier im Hotel auffällt, dass seine Sonnenbrille – also eigentlich *meine*, die ich ihm geliehen habe – leider im Flugzeug liegen geblieben ist. Wenig überraschend ist es, dass sich meine Laune dadurch nicht wirklich bessert – nett ausgedrückt.

Das Paradies muss wohl noch warten.

Bula, Südsee (Fidschianisch für: *Hallo*).

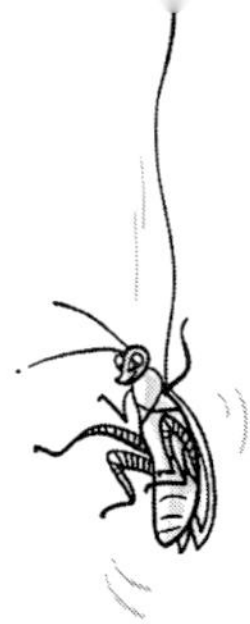

MATSCHING TIME

Irgendwie hatte ich das Paradies anders in Erinnerung. Beim letzten Mal vor sechzehn Jahren – Mist, wie die Zeit vergeht – bin ich an meinem ersten Morgen in der Südsee in einem traumhaften Over-water-Bungalow auf Bora Bora aufgewacht, völlig geflasht vom Türkis des Wassers und den gestressten Gesichtern meiner Stegbungalownachbarn. Die hatten blöderweise einen Bungalow erwischt, in dem auch Kakerlaken ihren Südseeurlaub abhielten, welche beim nächtlichen Roofdiving – zumindest in dieser animalischen Reisegruppe ein sehr beliebter Zeitvertreib – in den wirklich wunderschönen und vollen Haaren einer meiner Kolleginnen gelandet waren.

Das aber nur am Rande. Ähnlich wie damals meine unterdessen gute Freundin nur dringend den Bungalow wechseln wollte, entscheiden wir kurzerhand, hier und heute das Hotel nach einer Nacht zu verlassen. Das ist der Vorteil, wenn man ziemlich planlos unterwegs ist, man kann auch schnell umentscheiden und einen neuen Weg einschlagen.

Unserer führt zurück zum Airport und zur nächsten Autovermietung, denn auf der Karte haben wir gesehen, dass die Hauptinsel der Republik Fidschi, auf der wir uns gerade befinden, relativ groß ist. Da müsste es doch einige interessante Spots zum Erkunden geben. Wir können uns nämlich noch nicht so recht entscheiden, auf welche der vielen kleineren Inseln wir jetzt eigentlich wollen.

Während Claus sich um das Auto kümmert, versuche ich, dem freundlichen Mann am Informationsschalter die wichtigsten Sehenswürdigkeiten und Geheimtipps zu entlocken, die er mir dann in eine sehr unübersichtliche Karte mit Ungefähr-Angaben einträgt. Perfekte Arbeitsteilung wie immer; also häufig, oftmals, okay: manchmal… Obwohl doch, darin sind wir echt gut – zumindest in bestimmten Bereichen.

Wie auch immer, Auto ist da, Gepäck schnell verstaut und los geht's an der Küste entlang Richtung Norden. Nach kurzer Fahrtzeit erreichen wir schon die erste Abzweigung zu einem touristischen Ausflugsziel, dem »Garden of the Sleeping Giant«. Laut Broschüre eine wunderschöne Anlage, in der man alle in dieser Region vorkommenden Blumen und Pflanzen in ihrer natürlichen Umgebung bestaunen kann.

Auf dem Parkplatz stehen entsprechend einige Mini-Busse, denn diese Tour kann man natürlich auch hochoffiziell buchen. Allein der Eintrittspreis für Erwachsene beträgt circa vierzig Fidschi-Dollar und wir entscheiden spontan, dass wir die ganzen Pflanzen doch eh noch unterwegs sehen werden, und fahren lieber weiter auf der kleinen Straße, an deren Ende noch die »Mud-Pools« und heißen Quellen zu finden sein sollen.

Haben Sie zufällig den Film »Urlaub mit den Griswolds« gesehen? Wir haben natürlich alle unseren ganz persönlichen Lieblingsfilm, aber wenn wir uns als Familie auf einen Film einigen müssten, dann wären es sicherlich die Griswolds. Irgendwie kommt uns dieser Film ziemlich häufig in den Sinn während unserer Reise. Die Griswolds wollen nämlich auch zu heißen Quellen mit Schlammbad und landen unwissentlich in einer ungesicherten Klärgrube mit wirklich ekelerregendem Inhalt.

Sicherheitshalber weigern sich unsere Jungs daher auch erst mal vehement, heilenden Schlamm über ihren gesamten Körper zu schmieren. Erst unter der Androhung des Entzugs verschiedenster Annehmlichkeiten können wir sie *freundlichst* überzeugen.

Ich muss aber gestehen, dass ich wegen der entsprechenden

Filmfantasien in meinem Kopf meine Füße auch nicht wirklich auf den Grund gestellt habe, als wir in den ersten sehr dunklen natürlichen Tümpel steigen sollten, um den mittlerweile auf unseren Körpern eingetrockneten Schlamm abzuwaschen. Danach ging es noch in mehrere verschieden temperierte Pools – alle allerdings eher warm, von thermisch heißen Quellen gespeist.

Dieses Badevergnügen haben übrigens erst die amerikanischen Soldaten während des Zweiten Weltkriegs hier eingeführt, vorher waren diese heißen Quellen eher ein großes Ärgernis, da man in ihrer Umgebung nichts anbauen und auch keine Häuser errichten konnte.

Den heute beliebten Ausflugsort können wir nur empfehlen, wir hatten so voller Matsch ordentlich Spaß und direkt vor Ort kann man hervorragend einheimisches Essen – sehr schmackhaft zubereitet! – auf traditionelle Art und Weise genießen.

Da diese ›Spa-Nummer‹ aber eher unser Wunsch war, nehmen wir uns als Nächstes die »Sleeping Giant Zipline« zum Ziel. Sie ist direkt an einem sehr idyllischen kleinen Flusslauf gelegen, an dem außerdem noch einfach so die schönsten Orchideen wachsen.

Claus und Jahvis fahren auch gleich mal mit den Ziplines oberhalb der Baumwipfel und ich leiste einem gerade sehr mürrischen Vidal, der zwar eigentlich lieber nicht fahren möchte, andererseits aber sauer auf diesen Umstand ist, Gesellschaft. Ich kann mich auch noch nicht recht dazu entschließen, weil ich immer erst ein wenig Akklimatisierungszeit mit einer mir unbekannten Sache brauche, bevor ich sie auch ausprobieren mag. (Außer alle anderen haben noch mehr Angst als ich, dann werde ich manchmal überraschend mutig 😀) Nehme ich halt die nächste Zipline in Neuseeland, vorausgesetzt, die ist nicht mörderhoch … Höhen und ich sind nämlich nicht so richtig gut aufeinander zu sprechen.

Mittlerweile haben wir aber auch schon späten Nachmittag

und wir sind erst zehn Kilometer von unserem Startort entfernt. Da heißt es jetzt ein wenig am Stück fahren, denn wir wollen auf halber Strecke auf dem Rundweg um die Insel übernachten und haben eigentlich nicht vor, erst im Dunkeln anzukommen.

Guter Plan, aber wir haben die Entfernungen völlig falsch eingeschätzt, die Insel ist echt groß und außerhalb der vielen kleinen Ortschaften darf man maximal achtzig fahren, was ich sehr begrüße, aber auf der teilweise recht kurvigen Strecke immer noch viel zu hoch angesetzt ist.

Wir wollen – die Griswolds-Gedächtnistour geht weiter – ganz im Norden zu einem vom Informationsschalter-Mann am Airport empfohlenen Resort namens: Volivoli. (Die Griswolds befanden sich auf einer Reise zu einem Vergnügungspark namens Wolliworld; langsam wird's lustig und auch ein bisschen spooky.)

Aber mit zunehmender Dunkelheit und durch die immer einsamer werdende Gegend bezweifeln wir stark, ob wir dieses Resort finden oder es überhaupt (noch) existiert, denn die letzte Stunde unserer Fahrt sind wir an keinen für uns als solche erkennbaren Hotels mehr vorbeigekommen. Während wir noch überlegen, was als Alternativlösung in Betracht käme, kommt das erlösende Schild: *Volivoli Resort links in vier Kilometern.*

Juppididu, es existiert, jetzt sind wir mal gespannt, wie uns der Mann vom Flughafen eingeschätzt hat, als er meinte, dass dies ein »affordable« Place sei. Backpacker oder Luxusreisende?

Gott sei Dank genau dazwischen, ein super gelegenes kleines Resort, direkt am Strand, schöne saubere Zimmer, großer Pool, definitiv für hiesige Verhältnisse bezahlbar – und sie haben ein Zimmer für uns frei!

Scheinbar sind wir sogar mehr oder weniger die einzigen Gäste hier, zumindest sitzen nur wir in dem luftigen Restaurant oberhalb des Pools mit Blick aufs Meer beim Abendessen. Alle Angestellten begrüßen uns persönlich, fragen uns freundlich nach unseren Namen und behalten diese sogar – was man im Gegenzug von uns leider nicht zu hundert Prozent behaupten kann.

Auch beim Frühstück am nächsten Morgen mit wunderschönem Blick über die Weiten des Meeres begegnen wir keinen anderen Touristen, aber es gibt deutlich Schlimmeres, als ein ganzes Resort, den Pool, den Strand und das Meer mehr oder weniger für sich allein zu haben.

Die Anlage ist auch bei Tageslicht betrachtet wunderschön, sehr gepflegt und sanft in die Natur eingebettet. Der kleine Sandstrand wirkt einladend und die Jungs spielen natürlich für die nächsten Stunden im großen Pool. Tatsächlich zahlen wir für uns vier inklusive Frühstück umgerechnet neunzig Euro pro Nacht, was für hiesige Hotelpreise absolut korrekt ist. Als wir auf TripAdvisor nach Übernachtungsmöglichkeiten auf den vorgelagerten Inseln Ausschau halten, erscheint es sogar eher so, dass wir einen ziemlichen Preis-Leistungs-Glückstreffer gezogen haben, da alle Bewertungen von Anlagen, die unserer Preisvorstellung entsprechen, extrem schlecht sind. Das veranlasst uns auch dazu, jede weitere Entscheidung übers Weiterziehen zu vertagen und stattdessen erst mal hier im Volivoli längerfristig unser Lager aufzuschlagen.

KARNEVALSPRINZESSIN IN DER SÜDSEE

Da wir heute noch unser gemietetes Auto zur Verfügung haben, entschließen wir uns, die Insel noch ein wenig weiter zu erkunden, und nehmen uns als Ziel die eigentliche Hauptstadt der Fidschis, Suva, vor, in deren Umgebung es eine Rainforest-Trekkingtour geben soll und Wasserfälle, die man sogar herunterrutschen kann.

Die Fahrt dorthin scheint bei anderen Touristen nicht auf dem Plan zu stehen, anders kann ich es mir nicht erklären, dass uns jeder, und ich meine wirklich jeder (nicht dieses Frauen-Jeder und eigentlich ist es nur jeder Zehnte), also wirklich jede, jeder und jedes Kind, während wir vorbeifahren, zuwinkt und mit einem fröhlichen Bula bedenkt.

Natürlich halten wir es genauso und ich komme mir vor wie eine Karnevalsprinzessin oder ein Funkenmariechen, das sein Alaaf am Zugweg in die Menge ruft.

Die Menschen hier sind wirklich so freundlich, dass man manchmal schon fast daran zweifelt, ob das denn wirklich ernst gemeint ist. Aber es ist tatsächlich so, fast unvorstellbar. Das geht sogar so weit, dass ein Mann, als wir ihn nach dem Weg fragen und er den für umständlich zu erklären befindet, sicherheitshalber mitfahren möchte, damit wir bloß nicht falsch fahren. Für uns ist es so unwahrscheinlich, dass ein solches Ansinnen tatsächlich ohne Hintergedanken abgegeben werden könnte, dass wir besser verneinen und unseren Weg lieber selbst suchen.

Allerdings bin ich wirklich der festen Überzeugung, dass uns dieses Angebot aus reiner Freundlichkeit und ohne jede Unaufrichtigkeit unterbreitet wurde. Am nächsten Tag erlebte Claus noch eine ähnliche Situation: Ein Mann begleitete ihn sogar auf einer kurzen Busfahrt, damit Claus am größeren Umsteigeplatz wirklich den richtigen Überlandbus findet und nimmt. Tatsächlich habe ich noch nie eine nettere Bevölkerung fernab der Touristenströme erlebt. Aber wer weiß, was und wen wir noch so treffen werden.

Zurück zu unserem Tagestrip: Die Trekkingtour im Regenwald entdecken wir nicht, wohl aber einen kleinen Wasserfall – zwar ohne natürliche Rutsche, dafür aber mit einem an einen Baumriesen gebundenen Seil, an dem man sich hin- und herschwingen kann, um dann in einen natürlichen Wasserpool zu plumpsen. Definitiv ein Riesenspaß für Jahvis, der mit einheimischen jungen Männern einen Sprung nach dem anderen absolviert.

Claus lässt sich ein, zwei Sprünge auch nicht nehmen, nur Vidal und ich passen heute – irgendwie ist unser Schisser-Tag. Ich fühle mich von unsrer vierstündigen Fahrt hierher so ausgelaugt, dass ich gerade keinerlei Lust habe, an einem Seil zu baumeln und mich in unbekanntes Gewässer zu stürzen.

Schon auf der Herfahrt ist uns aufgefallen, dass der breite Fluss, der unseren Weg säumt, vor nicht allzu langer Zeit unter einem verheerenden Hochwasser gestanden haben muss. In den

Bäumen, die mindestens drei bis vier Meter höher sind als der derzeitige Wasserspiegel, sehen wir mitgerissenen Schlick und Müll in den Ästen.

Auf der Rücktour entdecken wir auch Zelte, die von der UNICEF und anderen Hilfsorganisationen aufgestellt wurden. Im Hotel erfahren wir schließlich, dass vor ziemlich genau einem Jahr der Zyklon Winston die Inseln heftig getroffen hat und die Region schwer verwüstet zurückließ.

Aloha, Südsee

Unser durch Zufall entdecktes Hotel erweist sich als wahre Oase der Ruhe. Wir haben ein Fünfsterneresort mehr oder weniger für uns allein inklusive Poollandschaft und sauberem Strand, an dem wir wunderbar Muscheln sammeln können, sowie ein schönes sauberes Zimmer mit einem tollen Ausblick und supernette Hotelmitarbeiter um uns. Da fragen wir uns natürlich, warum wir nicht einfach ungeplant weiter hierbleiben, was könnte woanders besser sein?

Die der Hauptinsel vorgelagerten Inseln scheinen einer wahren Touristenflut unterworfen zu sein, denn alle wandeln auf der gleichen Route und frequentieren auch dieselben Hotels, was zu überteuerten Preisen und laut den Bewertungen bei TripAdvisor auch zu schlechtem Service, nicht wirklich gutem Essen und Unterkünften führt, die ihre besten Tage vor langer Zeit gesehen haben.

Also entscheiden wir uns, dem Wink des Schicksals auf unserer Griswolds-Gedächtnistour zu folgen und im Volivoli Resort die Seele baumeln zu lassen; sofern wir das schaffen – ist nämlich gar nicht so einfach, auf Kommando abzuschalten. Nach wie vor haben zumindest Claus und ich das Gefühl, etwas tun und unterwegs sein zu müssen. Aber wir zwingen uns, Muscheln zu sammeln und Fidschi-Time zu leben – also uns mehr oder weniger nach der Sonne zu richten.

Apropos Muscheln sammeln: Was wir wirklich gern machen und uns nach jedem Urlaub aufs Neue vornehmen, ist, auch etwas aus unseren Fundstücken zu basteln. Claus hat mir tatsächlich mal eine wunderschöne Kette mit einem eingefassten Shiva Eye geschenkt, das wir in Thailand gefunden hatten.

Hier an unserem Strand finden wir vor allem sogenannte Sanddollar, wunderschön gezeichnete, zarte Muscheln, die in früheren Zeiten in bestimmten Regionen der Erde zum Bezahlen genutzt wurden – daher die Bezeichnung, glaube ich.

Übrigens habe ich bisher, wenn ich an alle Strände weltweit zurückdenke, die ich bisher abspaziert habe, bisher nur auf Barbados Sanddollar gefunden, allerdings war da jeder Fund etwas ganz Besonderes und eher selten.

Man sollte auch nur die Muscheln mitnehmen, die auf der Rückseite offen sind, was ein untrügliches Zeichen dafür ist, dass kein Muschelbewohner dieselbe mehr okkupiert. Ich weise nicht nur so explizit darauf hin, weil ich die lebenden Krebse schützen möchte, sondern auch, weil es mir auf Barbados beim Schnorcheln passiert ist, dass ich einen Sanddollar in Ermangelung einer Tasche oder Ähnlichem in meine Bikinihose gesteckt und mich dann doch ziemlich erschrocken habe, als sich in meiner Hose plötzlich etwas bewegte und auf der Suche nach dem Ausgang zu krabbeln begann.

Ich möchte noch erwähnen, dass dieser Krebs sehr schnell wieder in seine natürliche Umgebung entlassen wurde, unversehrt… so wie ich auch.

YOU CAN MAKE A DIFFERENCE

ODER: WIR SIND EIN SCHMETTERLING

An einem unserer ›Irgendetwas-sollten-wir-schon-unternehmen‹-Tage buchten wir in unserem Hotel einen Ausflug: Discover the Island, eine circa zehnminütige Bootstour auf die kleine Insel mehr oder weniger gegenüber, Nananu-i-Ra.

Vidal liebt allein schon solche Fahrten, denn kinderlieb, wie die Fidschianer alle sind, darf er auch diesmal das Boot steuern, immer wieder ein Riesenerlebnis für ihn. John, der Bootsführer, wird direkt zu seinem neuen besten Freund. Von ihm lässt Vidal sich übrigens *Teilung* nennen, so möchte er nämlich eigentlich von uns allen genannt und auch vorgestellt werden. Vidal ist bereits seit einiger Zeit in einer Phase, in der er ständig auf neue Namen für sich besteht. So glauben unsere nigerianischen Nachbarn in Berlin bis heute, er heiße Kai.

Angekommen auf der Insel, sind wir echt geflasht: Genau so haben wir uns die Südsee vorgestellt, ein langer, völlig verwaister Sandstrand erstreckt sich vor uns, helltürkises Wasser und ein Regenwald, der teilweise bis an den Strand heranreicht. Wunderschön. Im Wasser kann man beim Schnorcheln ein traumhaftes Korallenriff mit einem Fischreichtum bewundern, dass es atemberaubend ist.

Wir überlegen, ob wir nicht direkt hierher umziehen sollten, da es ein kleines Tauch/Kite/Surf-Resort am Strand gibt – mit wunderbar urigen Hütten, total entzückend und genau das, wovon wir immer geträumt haben.

Aber, wie so oft, auch dieses Paradies hat nicht nur schöne Seiten. Leider treffen wir auch auf diesem wunderschönen Eiland auf die Folgen der allgegenwärtigen Verschmutzung der Meere; was in diesem Fall bedeutet, dass auch die einsamsten Strände voller Müll sind.

Uns blutet das Herz dabei, zu sehen, dass dieses Paradies von uns Menschen zerstört wird. Wir stoßen nicht nur auf Autoreifen und Plastikmüll aller Art, sondern auch auf zerbrochene Energiesparlampen und hochstehende rostige Nägel. Wenn einer von uns hier reintreten würde, hätte das sicherlich den Abbruch unserer Reise zur Folge. Also beschließen wir, diesen Strand wenigstens einmal gründlich zu säubern und allen Müll, den wir finden, einzusammeln – unser kleiner Beitrag, etwas zu verändern.

Schon seit einigen Jahren nehmen wir uns in jedem Urlaub einen Strand vor, an dem wir den Müll einsammeln. Zum einen macht es Spaß, etwas Konkretes zu tun und nicht nur über die verschmutzten Strände zu lamentieren, und zum anderen konnten wir manchmal sogar schon feststellen, dass sich andere ein Beispiel an uns nahmen und mithalfen.

Vielleicht kann am Ende doch jeder Einzelne etwas für die Zukunft bewegen – so im Sinne: Selbst der Flügelschlag eines Schmetterlings kann einen Orkan auslösen. Eine schöne Vorstellung, dass wir Schmetterlinge sein können, und ich hoffe, dass wir alle zusammen zum Orkan werden! Falls Sie uns also irgendwo auf dieser Welt beim Müllsammeln treffen sollten und wir nicht explizit nach Pfandflaschen fragen, bitte sprechen Sie uns an und lassen Sie uns gemeinsam bei unterhaltsamen Gesprächen die Welt ein kleines bisschen besser machen. Ich freue mich auf Sie!

Ein Nebeneffekt des Müllsammelns ist es auf jeden Fall auch, dass wir insgesamt achtsamer geworden sind, wie viel Müll wir produzieren und wo wir es vermeiden können. Ein weiterer Flügelschlag des kleinen Schmetterlings.

Obwohl wir unseren Umzug nach Nanuna-i-Ra bereits ernsthaft erwägt haben, beschließen wir, zurück in unserem angestammten Resort, dass zwar für Claus und mich dieser einsame Ort genau das Richtige wäre, aber wir den Kindern und damit wiederum auch uns nicht wirklich einen Gefallen täten. Die Gefahren, in etwas reinzutreten oder eine Kokosnuss auf den Kopf zu bekommen, würden uns stressen und den Radius der Kinder extrem einschränken. Auch wenn wir lange Spaziergänge an einsamen Stränden wundervoll finden, ist das unvermeidliche »Ich habe Durst«, »Ist es noch weit?«, »Mir ist heiß« und »Können wir bald umkehren?« ohnehin vorprogrammiert.

Da die Südsee als Ruhezeit auf dieser Reise eingeplant war, genießen wir weiterhin unser Volivoli. Die größte Aktivität und gleichzeitig Belohnung ist Jahvis' Kurs zum Junior-Diver. Vor zwei Tagen wurde uns nämlich übers Internet sein Halbjahreszeugnis zugesendet, mit einem hammermäßigen Notendurchschnitt.

Claus, der nie, wirklich niemals tauchen gehen wollte, da er immer davon ausgeht, dass jeder Hai dieser Welt ihn als absoluten Leckerbissen auserkoren hat, entscheidet sich nach einem Schnuppertag (für ihn, nicht für die Haie), begeistert von der Unterwasserwelt, auch seinen Tauchschein zu machen.

Hoffentlich bin ich dabei, wenn er das erste Mal auf einen wachen Hai – die kleinen schlafenden auf den Galapagosinseln zählen nämlich nicht wirklich – trifft. Dann kann ich die anschließenden Erzählungen, wie er die todesbringende Begegnung mit einem fast schon weißen Hai furchtlos überlebt hat, mit einem Schmunzeln nehmen und muss nicht in die Huldigung des Helden mit einstimmen.

Heute Morgen hatte Claus dann noch die Idee, innerhalb unserer vier geplanten Südseewochen Tonga, das nur eine Stunde Flugzeit entfernt liegt, zu besuchen. Aber ich würde lieber Neuseeland etwas mehr Zeit einräumen und nicht zwei ganze Tage durch eine weitere An- und Abreise verlieren wollen.

Nach wie vor sind wir nicht im wirklichen Ruhemodus angekommen, wir planen noch immer hin und her und genießen nicht einfach das Hier und Jetzt. Vor allem Claus scheint Aktivität sehr zu brauchen, wenn schon nicht Tonga, dann möchte er ganz dringend wenigstens ins nächstgelegene winzige Städtchen Rakiraki fahren und dort Mohrrüben (!?) kaufen. Hauptsache unterwegs sein – ich glaube, darum geht es.

Nach gerade vier Wochen des Reisens – faszinierenderweise fühlt es sich durch die vielen Ortswechsel nach einer bei Weitem längeren Zeit an – versiegt die Begierde nach dringend benötigten Dingen aus der nächsten Mall. Stattdessen dominiert bei uns jetzt die Frage: »Wisst ihr, auf was ich jetzt echt Heißhunger hätte?«

Bei mir ist es Schwarzbrot mit Avocado und Pfeffer, Jahvis gelüstet es nach mittelaltem Holländer und von mir gebackenen Apfelpfannkuchen (geht runter wie Öl). Vidal hat eh nur Süßigkeiten im Kopf, egal, welcher Art, und Claus träumt von Pumpernickel mit Gouda und Zwiebeln. (Scheinbar sind Küsse von mir nicht auf seiner Wunschliste – wegen der Zwiebeln, schade eigentlich.)

DER SMOOTHIE EFFEKT

ODER: DUNKLE GEWITTERWOLKEN ÜBER DER SÜDSEE

Neben dem ganzen Happy-Family-Sein und Südseefeeling muss ich natürlich auch ehrlicherweise sagen, dass auch wir wie jede normale Familie unsere schlechten Tage haben. Ist ja auch nicht immer einfach, nonstop vierundzwanzig Stunden zusammen zu sein, zu viert in einem relativ kleinen Zimmer zu wohnen und alles miteinander abzustimmen.

Wenn einer von uns Erwachsenen sich dann auf seinen Egotrip begibt, ist selbst in der Südsee der Himmel nicht mehr rosarot, sondern Gewitterwolken ziehen auf und müssen sich entladen. Für mich ist es immer eher schwierig, wenn Claus sich eine neue Sache in den Kopf setzt und sich alles plötzlich nur noch darum dreht. Ich habe mittlerweile sogar einen Namen für dieses Verhalten, hervorgegangen aus einer Epoche im letzten Jahr, als Claus das Smoothie-Machen für sich entdeckt hatte und seine morgendlichen Rituale nur noch von der Zubereitung und der Auswahl des Inhalts derselben bestimmt wurden.

Ich rede dabei nicht von ein bis zwei Zutaten, sondern von mindestens vier bis sieben Obstsorten, verschiedenen Samen, einer ganzen Ingwerknolle und mehreren Gewürzkomponenten, die so manches Mal in bedenklicher Menge zugeführt wurden. Eine Prise Kumin? Ach nein, viel bringt viel, also mindestens ein gehäufter Teelöffel!

Wenn Sie jetzt denken: Wow, das ist doch toll, da hat die ganze Familie was von, muss ich leider sagen: Ja, aber das stimmt nur begrenzt. Denn der *Smoothie-Effekt* bedeutet leider auch, dass sich alles nur noch um deren Herstellung und die eigenen Bedürfnisse dreht, was in unserem Fall hieß, dass Claus schon morgens – wenn es darum gehen sollte, dass die Kinder pünktlich in die Spur kommen – von der Smoothie-Zubereitung absorbiert war, also komplett ausfiel. Wenn Claus sich erst im Anschluss an die morgendliche Verabschiedung den Smoothies widmete, blieben natürlich relativ große Mengen übrig. Diese fristeten ein trauriges Dasein im Kühlschrank und all die guten Vitamine verflogen alsbald, waren praktisch verschenkt.

Im Wissen, dass gern bei neuen Aktivitäten der Smoothie-Effekt ausbricht, habe ich ihn diesmal blöderweise auch noch verursacht, als ich den Schnuppertauchkurstag vorschlug. Jetzt hat das Erlangen des Tauchscheins plötzlich oberste Priorität, und zwar nur des eigenen, nicht der gemeinsame mit Jahvis.

Konkret: Das gemeinsame Spielen mit den Kindern im Pool fällt schon mal von Claus' Seite aus, stattdessen lernt er lieber für die Theorie. Jahvis könne das ja dann zu Hause erledigen, reicht doch, wenn einer von beiden bis Samstag alle Chapter online durchgearbeitet hat … Ist klar, mein Kind soll das dann in Deutschland lernen, wenn es keinen mehr interessiert, und für die *hier* angesetzten Tauchgänge spielt es ja eh keine Rolle.

Meine Reaktion als Löwenmutter können Sie sich sicherlich vorstellen – ich möchte sie hier lieber nicht detailliert wiedergeben. Es mündete letztlich darin, dass ich mich weigerte, seine zwei Tauchgänge pro Tag mitzutragen, und einen Nachmittag für mich allein am Meer verbrachte. Aus Protest – schließlich war ich bereits den ganzen Vormittag allein mit den Kindern und nicht gewillt, weitere Smoothies zu unterstützen.

Ist das nun die berühmte Zahnpastatube, ein Südsee-Lagerkoller oder ein echtes Problem? Wahrscheinlich von allem etwas. Im Übrigen ebbt der Smoothie-Effekt auch immer relativ schnell wieder ab. Nach circa zwei Wochen schimmelten die zuhauf gekauften Orangen als Basis für die gesunden Mixgetränke in der heimischen Küche vor sich hin, und wenn es heutzutage morgens einen selbst gemachten Saft bei uns gibt, dann mache ich ihn meistens – aus zwei bis drei Zutaten maximal.

Da wir hier nicht darauf warten können, dass sich das naturgegebene Desinteresse bei Claus einstellt, gibt es von meiner Seite aus relativ unangenehme Stimmung und klare Ansagen und – Überraschung: Man kann die ganze Chose auch zu zweit erlernen und am folgenden Samstag bestehen beide die theoretische Tauchprüfung glanzvoll.

Just for the record, ich denke, dass auch ich irgendwann mal ein Smoothie war. Glücklicherweise schimmle ich aber nicht weggelegt und vergessen vor mich hin. Und bevor ich bildlich gesprochen in irgendeiner langweiligen Ecke mein Dasein friste, gibt es doch auch Verehrer von nicht mehr taufrischem Obst und Gemüse, das ja meistens auch erst in voller Reife so richtig süß und gut schmeckt!

Das nur am Rande, apropos: happy Family.

Sonntags in Rakiraki

Die religiöse Gemeinschaft der Fidschis setzt sich aus Christen, Hindus und Moslems, die hier ein völlig friedliches Nebeneinander pflegen, zusammen. In unserem Hotel arbeitet ein sehr netter Mann, Inoki, an der Bar, der uns viel aus seinem Leben mit seinen drei kleinen Kindern erzählt und uns begeistert zum Gottesdienst am Sonntag in seine Kirche einlädt.

Sonntags ist hier Church Day und als Christ geht man am Vormittag in die Kirche. Punktum. Da er uns erklärt, dass die Gottesdienste von viel Freude, Musik, Tanz und natürlich Predigten getragen werden, entscheiden wir am Morgen spontan, dass das definitiv einen Besuch wert ist, und lassen uns von einem Taxifahrer zur entsprechenden Kirche fahren. Diese ist vom letztjährigen Zyklon so heftig getroffen worden, dass nur noch ein Vorraum existiert, dem allerdings die vierte Wand fehlt – die ist weggeflogen.

Kaum stehen wir auf den Stufen vor dem Eingang, unterbricht der Prediger seine Rede, begrüßt uns voller Freude und bittet alle Anwesenden, uns mit einem kleinen Applaus zu begrüßen, bevor er mit seiner überaus enthusiastischen Predigt, die von vielen Hallelujas und Amens aus seiner Gemeinde begleitet wird, fortfährt.

Man stelle sich mal vor, dass während einer Messe in Deutschland ein definitiv ausländisches, unpassend gekleidetes Paar mit seinem Kind (Jahvis ist mit Mathehausaufgaben lieber im Zimmer geblieben) in die Kirche kommt. Wie wäre es, wenn der Pfarrer erst mal innehält, um die Neuankömmlinge aufs Herzlichste zu begrüßen, und die gesamte Gemeinde sich über diesen Besuch freut. Einfach so, weil die Fremden den Weg in Gottes Haus gefunden haben, um die Messe gemeinsam zu feiern. Wäre das nicht eine wunderbare Vorstellung? Wenngleich eine – leider – sehr utopische.

Während der Predigt kamen und gingen nicht nur spielende Kinder, sondern auch ein Huhn, völlig angstfrei und passend zur immer mal wieder anschwellenden Lautstärke gackernd, als wolle es auch seinen Sermon dazugeben. Es hätte aber auch ein stetiges Blablabla sein können. Je nach favorisierter Interpretation.

Habe ich bereits erwähnt, dass Hühner meine letztjährigen Lieblingstiere waren? Ich finde, es gibt so viele wirklich interessante Tiere auf der Welt, dass ein Lieblingstier allein viel zu langweilig wäre. Schließlich ist auch schwer zu entscheiden, welches denn nun das eine für immer sein soll. Außerdem sind dieses »für immer« und ich eh nicht so richtig kompatibel. Daher bestimme ich jedes Jahr aufs Neue, welches Tier ich für ein Jahr besonders mag. Wie gesagt, letztes Jahr war es das Huhn, davor die Qualle und in diesem ist es der Seestern.

Okay, im Anschluss an die Messe hatten wir auf jeden Fall noch sehr nette Gespräche mit den »Kirchenvorstehern« inklusive Austausch der E-Mail-Adressen. Aufgrund seines Nachnamens, *Charlie Ryland*, gehen wir stark davon aus, dass der Prediger und wir über circa sechs bis sieben Ecken verwandt sein müssen. Angeblich sind wir ja eh alle irgendwie miteinander verbandelt, wenn man nur weit genug zurückgeht. In diesem Sinne: Halleluja and amen!

Abgesoffen in der Südsee

Ich freue mich, wenn es regnet, denn wenn ich mich nicht freue, regnet es trotzdem. Ein Spruch, den wir hier definitiv versuchen zu beherzigen, denn es regnet jetzt schon seit einigen Tagen und Nächten kontinuierlich durch. Der einzige Unterschied besteht nur in der Art des Regens: leichter Niesel, Bindfäden, Starkregen, Regen von oben, seitlich und von unten, Regen, Regen, Dauerregen, und dann alles noch mit oder ohne Blitz und Donner.

Trotzdem kann man bei sehr angenehmen Temperaturen im Bikini spazieren gehen und sich bei leichterem Nieselregen auch außerhalb der Anlage die Auswirkungen dieser Nässe auf die Natur ansehen – nicht zu vergessen das angenehme Gefühl zwischen den Zehen, wenn man barfuß durch tonähnlichen Matsch läuft.

Außerdem, und das stellt ja Gott sei Dank kein Problem bei Regen dar, geht der Tauchkurs von Claus und Jahvis weiter und wir gehen zum ersten Mal alle gemeinsam im offenen Meer unter Wasser. Dabei erleben meine großen Jungs diese spektakuläre Unterwasserwelt mit riesigen Korallengebilden und großen Fischschwärmen. Bei ihren Tauchgängen, bei denen ich gern begleitend dabei bin, müssen die beiden immer wieder auch ihr theoretisches Wissen in die Praxis umsetzen und verschiedene Aufgaben erfüllen. Unter anderem üben sie, mithilfe eines Kompasses zu tauchen, während ich in kurzer Entfernung hinter ihnen tauche und mich urplötzlich, nachdem ich nur ganz kurz einem kleinen Clownfisch (Nemo?) zugeschaut habe, verlassen unter Wasser wiederfinde.

Mist, egal, in welche Richtung ich mich auch wende, nirgendwo sind die anderen auszumachen, die Sicht ist hier für die Kompassübung zwar perfekt, für mich ohne irgendwelche Hilfsmittel aber denkbar schlecht. Und jetzt?

Option eins: panisch werden. Die Vorstellung, jetzt einen Panikanfall zu bekommen, macht mir zusätzlich Angst; das Ganze dann auch noch unter Wasser in einer Tiefe von sieben bis acht Metern, ganz blöde.

Option zwei: in irgendeine Richtung schwimmen, darauf hoffend, dass mich irgendein Gefühl richtig navigiert. Hm, ich weiß nicht, auch wenn ich mir echt was auf meinen tollen Orientierungssinn einbilde, hier lässt er mich gerade leider völlig im Stich.

Option drei: mit Geräuschen auf mich aufmerksam machen. Die Tauchlehrer klopfen ja immer gern mit einem metallenen Stab an ihre Tauchflasche – weithin hörbar – und erlangen so unsere Aufmerksamkeit. Blöd nur, dass ich keinen solchen Stab mit mir führe und auch sonst nichts Adäquates finde, um irgendeinen lauten Ton zu erzeugen. Also nicht machbar.

Option vier: einfach ganz relaxt an diesem Punkt verweilen. Sicherlich ist den anderen mein Fehlen längst aufgefallen, denn wir tauchen ja im Buddy-System, bei dem jeder auf seinen Tauchpartner aufpasst und ihn im Auge behält. Das bedeutet doch, dass sie sicherlich längst nach mir Ausschau halten … also läääängst. Aber auch nach mehreren Minuten tut sich so gar nichts in meiner unmittelbaren Umgebung.

Option fünf: mit Option eins starten.

Obwohl, ich könnte ja auch ruhig und entspannt ganz langsam nach oben schwimmen und versuchen, auf gefühlten drei Metern – hatte ich erwähnt, dass an meinem Tauchcomputer kein Tiefenmesser vorhanden ist – für einige Minuten einen Sicherheitsstopp einzulegen, um dann an der Wasseroberfläche nach unserem Boot Ausschau zu halten. Das hört sich doch nach einer guten und sehr relaxten Alternative an – und wird auch gleich in die Tat umgesetzt. Oben angekommen, mache ich den im Boot, das in der Nähe vor sich hin dümpelt, verbliebenen Begleiter, auf mich aufmerksam. Der deutet nur auf die von den anderen aufsteigenden Blasen im Wasser.

Na gut, dann schwimme ich jetzt halt mal an der Wasseroberfläche dorthin und tauche dann direkt ab. Falls ich erwartet hatte, auf eine verzweifelte Suchmannschaft zu treffen, die wahnsinnig erleichtert sein würde, mich endlich lebend wiederzusehen (okay, ich war nie wirklich in irgendeiner Gefahr), dann werde ich gerade komplett enttäuscht. Mein Fehlen war zu diesem Zeitpunkt noch niemandem aufgefallen, wird mir später bestätigt. Das Kapitel *Wie tauche ich mit einem Buddy und übernehme Verantwortung* müssen wir eindeutig noch mal durchgehen. Just for the record, die Aufgabe innerhalb der praktischen Prüfung, mithilfe des Kompasses zu tauchen, haben sie aber immerhin bravourös bestanden.

Auch außerhalb des Wassers bleibt es dauerhaft nass und auf der hinzugezogenen Wetter-App wird nur eine kurze Regenverschnaufpause von zwei Tagen prognostiziert: Es soll sich sogar zwischenzeitlich noch verschlimmern, was zu einer erneuten Überflutung von zwei Brücken, die auf dem Weg zum Flughafen liegen, führen könnte. Daher entscheiden wir, dass vier Wochen Südsee im Regen ein bisschen lang werden und wir lieber zwei Wochen mehr in Neuseeland verbringen könnten. Da es in den zwei vorhergesagten Regenpausetagen einen Flug nach Auckland gibt, auf den wir umbuchen können, ist das auch gleich beschlossene Sache. Haken an Fidschi und hoffen, dass wir es bis zum Airport schaffen, solange die Straße irgendwie passierbar ist. Neuseeland wir kommen!

TINA GEPRÜFT

Hier haben wir übernachtet:
Die erste Nacht auf Fidschi waren wir im Club Fidschi Resort. Die Zimmer waren okay, der Strand hatte nichts mit Südsee zu tun und war weder zum Schwimmen noch für Spaziergänge geeignet (Vorsicht bissige Hunde!). Nicht empfehlenswert. Zweihundertzwanzig Fidschi-Dollar ein Zimmer, vier Betten und Bad.

Das Volivoli Resort liegt circa zweieinhalb Autostunden vom Flughafen Nadi entfernt, tolle Lage, schöner Pool, Zimmer sehr sauber und komfortabel, sehr freundliches und zuvorkommendes Personal. Bestes Preis-Leistungs-Verhältnis. Tauchbasis und Spa vorhanden. Wir waren Ende Januar dort und fühlten uns wie die einzigen Gäste. Toll für Kinder. Ausgezeichnet! Nach längeren Verhandlungen haben wir eine Walk-in-Rate von zweihundert Fidschi-Dollar für uns vier inklusive Frühstück bekommen, umgerechnet circa neunzig Euro. Für Fidschi sensationell. Wir haben im Zimmer 108 gewohnt, das schönste in der preiswerteren Kategorie.

Insel Nananu-i-Ra. Uriges Südseefeeling mit super Haus-Riff und Bootsabholung vom Flughafen, kilometerlanger einsamer Sandstrand. All das findet man auch in der »Safari Lodge«, betrieben von Warren, einem Australier mit Terence-Hill-Augen, der bereits seit achtundzwanzig Jahren hier lebt. Neben PADI-Tauchkursen wird Kite- und Windsurfing angeboten. Sehr empfehlenswert, aber auch sehr einsam und einfach. Bungalow direkt am Wasser für vier Personen (zwei Zimmer), Vollpension (Kinder kostenlos) hätten wir als Walk-in-Rate auch mit viel Verhandlungen für 375 Fidschi-Dollar bekommen. www.safarilodge.com.fj
Tipp: Immer nachfragen, hier geht am Preis eigentlich immer noch was.

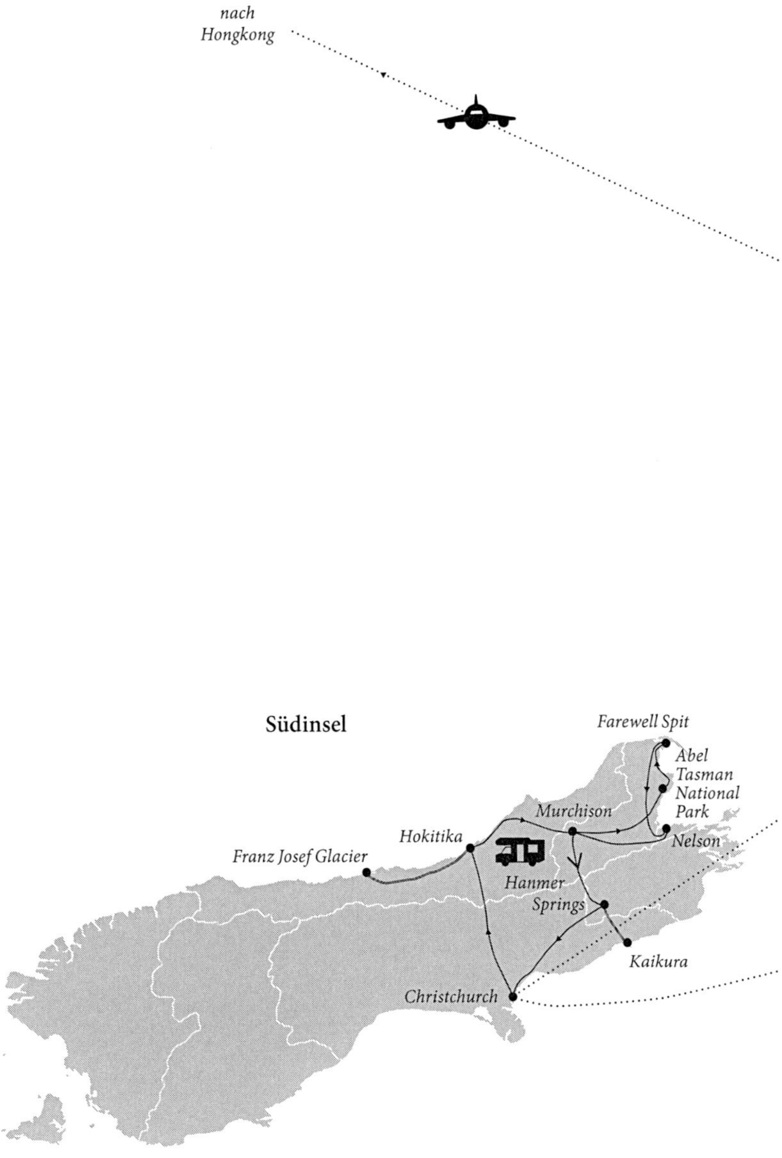
nach
Hongkong
Südinsel
Farewell Spit
Abel
Tasman
National
Park
Murchison
Nelson
Hokitika
Franz Josef Glacier
Hanmer
Springs
Kaikura
Christchurch

NEUSEELAND

Cape Reinga
Te Paki
Kaitia
Ahipara
Waipoua Forest
Dargaville
Tutkaka
Whangarei
Pakiri
Auckland
Coromandel
Hot Water Beach
von den Fidschi-Inseln
Nordinsel

KIA ORA, AOTEAROA

HALLO, NEUSEELAND (IN MAORI)

Da wir erst am späten Abend in Auckland landen, haben wir uns für die erste Nacht in Neuseeland ein stinknormales Ibis-Budget-Zimmer bestellt. Wir wollen ja nur ein paar Stunden schlafen, ehe wir unseren Mietwagen für die nächsten zwei Wochen in Empfang nehmen und losdüsen. Nach kurzer Shuttlebusfahrt erreichen wir dieses überall auf der Welt gleiche Hotel und auf die Freude der Kinder, dass wir eine neue schöne Unterkunft kennenlernen, erklären wir ihnen, dass diese Art von Hotel wirklich nur dazu gedacht sei, in Flughafennähe schnell ein wenig zu schlafen. Ansonsten sei doch nur alles irgendwie Plastik.

Ein Plastikzimmer? Und das im sechsten Stock? Vidal, der so was gern sehr wörtlich nimmt, ist lieber sehr vorsichtig und hält sich von Wänden und Fenstern fern, denn weiß man denn, wie gut dieses Plastik hält? Als Claus vor längerer Zeit einen Hexenschuss hatte, wollte Vidal auch wissen, ob die Hexe jetzt bei uns einzieht und warum sie überhaupt auf seinen Vater geschossen hat.

Ich finde es immer am nervigsten, dass man in diesen Zimmern von einer nicht verstellbaren Klimaanlage runtergekühlt wird und kein Fenster auch nur einen Spaltbreit aufgeht. Aber wie gesagt, ist ja nur für die erste Nacht. Nachdem wir auch die gut überstanden haben, nehmen wir am nächsten Morgen unseren Mietwagen in Empfang!

Der Schlachtensee von Auckland

Auch wenn Auckland sehr einladend aussieht, beschließen wir, unsere Reise an Neuseelands Nordinsel zu beginnen, und fahren auf die ausgewiesene Rundstrecke, die uns bis an deren nordwestlichsten Punkt, Cape Reinga, führen soll. Großartige Ausblicke auf die kollidierenden Wassermassen der Tasmanischen See und des Pazifischen Ozeans erwarten uns dort und dem Glauben der Maori nach springen die Seelen der Verstorbenen hier in den Ozean, um sich auf ihre letzte Reise zu begeben. Dann weiter den Rundweg am Ninety Mile Beach entlang gen Südosten und zurück bis nach Auckland. So lautet der vorsichtige Plan mit viel Raum für spontane Änderungen.

Unser erster Stopp ist dann auch nicht allzu weit von Auckland entfernt. Wir schauen einfach auf der Karte, wo es einen schönen Platz am Meer geben könnte, und landen so mehr zufällig am Pakiri Beach. Ein unglaublich schöner Campingplatz befindet sich hier direkt an einem Strand zur einen und einem ins Meer mündenden Flusslauf zur anderen Seite. Warum nicht gleich hier die erste Pause einlegen und den Tag am Strand verbringen? Hier übernachten?

Claus' Freund Jürgen, den wir morgen oder übermorgen in der Stadt Whangarei, wohin er vor zwanzig Jahren ausgewandert ist, treffen wollen, erklärt uns am Telefon zwar, dass dieser Strand völlig überlaufen sei und die Region noch zum Wochenendausflugsgebiet der Auckländer gehöre, aber wir finden, dass wir mit den fünf Menschen, die wir an dem kilometerlangen weißen Sandstrand treffen, definitiv leben können, ohne Platzangst zu bekommen. Wir buchen uns also auf dem Campingplatz ein, bekommen ein kleines Häuschen mit Küche, zwei Schlafzimmern und Bad zugewiesen und finden es echt ganz schön komfortabel hier. Die Jungs finden auch noch direkt Anschluss zu neuseeländischen Kids, können endlich ihre Englischkenntnisse ein- und umsetzen und haben totalen Spaß dabei, auf dem großen Gelände frei rumzulaufen.

Am liebsten würde ich gleich ein paar Tage hierbleiben, so gut gefallen mir Ort, Strand, Fluss, Sand, Wetter und Menschen. Da dies aber gerade mal der Anfang unserer Neuseelandtour ist, kann man ja irgendwie nicht gleich beim ersten schönen Platz hängen bleiben, oder doch? Also ich könnte. Aber wir einigen uns darauf, dass wir theoretisch auch noch mal zurückkommen könnten, falls dies wirklich ein solches Highlight sein sollte. Jetzt im Hier und Heute genießen wir einfach die Sonne, den feinsandigen weißen Strand, die Jungs springen von den Dünen und ich halte Ausschau nach vorbeiziehenden Delfinen. Wir sammeln Muscheln und erfreuen uns an diesem traumhaften Ort.

Am nächsten Mittag geht es dann weiter über eine tolle Küstenstraße Richtung Whangarei, wo wir ganz herzlich von Jürgen, seiner allzeit lächelnden japanischen Frau Yuko und einem Schäferhund empfangen werden. Jürgen hat sich hier einen Berg – echt jetzt, einen Berg – gekauft, auf dessen Spitze ein gemütliches Wohnhaus mit Blick über die Bucht von Whangarei steht. Claus und Jürgen haben sich vor dreißig Jahren auch auf Reisen kennengelernt und dank sozialer Netzwerke nie gänzlich aus den Augen verloren. Sie freuen sich sehr, sich nach so langer Zeit endlich wiederzusehen. Wir werden so gastfreundlich aufgenommen, dass wir nicht wie geplant nach einer Nacht schon wieder weiterziehen, sondern uns wunderbar bekochen lassen und uns das Leben in Whangarei genauer anschauen.

Jürgen und Yuko haben neben Schäferhund Knox, mehreren Hühnern (Freude, ich darf sie sogar auf den Arm nehmen!), einigen Pflegekühen, die den Berg abgrasen sollen, und einer verschmusten Hauskatze auch noch einen Mitbewohner auf Zeit, einen recht schweigsamen Gesellen, der aber, und jetzt wird's spannend, eine elektronische Fußfessel trägt.

Hatte ich schon erwähnt, dass ich sehr wissbegierig – oder anders: extrem neugierig – bin? Selbstverständlich möchte ich erfahren, mit welcher Art von Verbrechen wir es hier zu tun haben; schließlich hatte es zur Folge, dass dieser Mensch nach neunzehn Uhr das Haus nicht mehr verlassen darf. Da schwirren einem doch sogleich viele schräge Annahmen durch den Kopf – tatsächlich wurde er wegen Alkohols am Steuer verurteilt. Er darf zum Schutz von anderen Verkehrsteilnehmern und sich selbst nur noch absolut enthaltsam im Straßenverkehr auftreten und abends nicht mehr aus dem Haus, um gar nicht erst in Versuchung zu kommen. Da man allerdings nicht möchte, dass er aufgrund seiner Verurteilung und des Führerscheinentzugs seinen Arbeitsplatz verliert oder sozial total abrutscht, hat man sich dazu entschlossen, den Weg mit der Fußfessel und somit der Rundumüberwachung seiner Auflagen zu gehen. Halte ich ja für einen ziemlich effektiven Weg, diesen Verstoß zu handhaben. Man müsste mal herausfinden, wie hoch die Rückfallquote in Neuseeland liegt. Spannend auf jeden Fall auch für die Jungs, vor allem deshalb, weil wir sie erst mal im Ungewissen darüber lassen, warum der Mann eine Fußfessel trägt.

Auf einer unsere Erkundungsfahrten rund um Whangarei entdecken wir durch Zufall am Straßenrand ein Schild mit dem Hinweis, dass es am Nachmittag in der Gegend ein *Kiwi Release* gibt. Natürlich wollen wir uns das nicht entgehen lassen, wobei wir überhaupt keine Vorstellung haben, was das sein soll. Aber *Kiwi* – der natürlich *endemische* Nationalvogel Neuseelands – und *Release* hört sich spannend an, und nachdem wir die Adresse gefunden haben, folgen wir anderen Neugierigen über eine große Weide bis hin zu einem Sammelplatz, auf dem uns erst mal ganz viel über den Kiwi erzählt wird. Wusste ich tatsächlich alles noch nicht, und um ehrlich zu sein, hatte ich auch noch nie in meinem Leben einen Kiwi gesehen. Aber es ist total spannend, was wir so erfahren.

Allmählich gewöhnen wir uns an das neuseeländische Englisch und sind dann auch schwer beeindruckt, als wir tatsächlich einen Kiwi, der am Abend freigelassen werden soll, aus nächster Nähe betrachten dürfen. Die Auflagen, die wir dabei einhalten müssen, sind allerdings skurril: Frauen und Kinder sollen wenn möglich gar nicht oder nur ganz leise sprechen, denn Kiwis mögen witzigerweise keine hellen und hohen Stimmlagen. Kein Problem, dann halt ich eben mal meine Klappe – ist ja nicht so, dass mir das schwerfallen würde –, wenn es denn die Kiwis beruhigt, gibt ja auch genug zum Zuhören und Bestaunen.

Diese flugunfähigen und nachtaktiven Vögel sehen ganz schön fluffig aus – mit ihren Federn, die nicht mehr fürs Fliegen gedacht sind, und den großen Füßen, auf denen sie sich ausschließlich fortbewegen. Allerdings riechen sie ein bisschen streng. Aber süß sind sie definitiv! Was für ein Glück, dass wir das handgeschriebene Hinweisschild am Straßenrand bemerkt haben, ansonsten hätten wir die Kiwis live in Farbe und Geruch voll verpasst. Und irgendwie gehört es doch auch zu einem Neuseelandbesuch dazu, dass man das Wappentier des Landes trifft, wenn möglich sogar in freier Wildbahn – lebendig, fröhlich und so lovely.

Uns fällt auf, dass selbst der Sprachgebrauch der Neuseeländer extrem freundlich und positiv ist; *awesome, lovely, pretty* und *no worries* scheinen, wenn irgend möglich, in jeden Satz zu passen. Ganz schön awesome … Und während wir so vor uns hincruisen, entdecken wir noch eine weitere recht fröhliche Eigenart der Inselbewohner: Briefkästen werden äußerst kreativ gestaltet und manchmal sogar aus ganz gewöhnlichen Alltagsgegenständen kreiert. Mein absoluter Favorit in der Briefkastenkategorie ist neben einem Seepferdchen aus Holz und einer ausrangierten Milchkanne die ordinäre Mikrowelle. Perfekt, ohne groß etwas ändern zu müssen. Durch die Klappe bleibt die Post bei jedem Wetter trocken, ist einfach zu montieren und, zumindest was meinen Humor betrifft, irgendwie auch urkomisch.

Angeblich gibt es ja eigentlich gar keine Zufälle, allerdings habe ich noch keinen tieferen Sinn in der überraschenden Begegnung bei unserem nächsten Zwischenstopp gefunden – muss ich ja vielleicht aber auch gar nicht. Auf jeden Fall finden wir es alle echt lustig, dass wir in dem entzückenden und pittoresken Städtchen Russell – auf einer Halbinsel gelegen, die man auf kurzem Weg auch mit einer kleinen Fähre erreichen kann – majestätisch in einer wunderschönen Bucht die MS Europa vor Anker liegen sehen. Zufall, Fügung oder was auch immer insofern, dass wir schon mal auf

Sylt dieses Schiff besucht und kennengelernt haben, und komisch, weil wir ja innerhalb unserer Reise ein Teilstück auf dem Schwesterschiff MS Europa 2 verbringen werden.

Russell präsentiert sich wie ein Städtchen aus *Schöner Wohnen* für Kleinstädte, ein wenig befremdlich ist nur, dass wir überall deutsche Sätze hören, die Pax (den Ausdruck für Passagiere habe ich während meiner Reisen mit dem »Traumschiff« von den Mitarbeitern gelernt) der Europa genießen noch ihren Landgang. Ich sagte doch: irgendwie witzig. Leider ist dieser Küstenabschnitt so beliebt, dass wir weder auf dem Campingplatz Number one der Nordinsel eine Übernachtungsmöglichkeit finden, noch ist im Ort ein Zimmer für uns vier, das sich preislich vertretbar anhört, zu bekommen. Dann also weiter, irgendwo werden wir schon Unterschlupf finden.

Die Heulende Gabi

Der nächste Ort, Paihia, der durch eine kleine Fährverbindung direkt mit Russell verbunden ist, soll für heute auch zu unserem Nachtlager werden, denn wir wollen am kommenden Morgen von dort aus auf einen Delfinausflug per Boot gehen. Mit mehr oder weniger garantierter Delfinsichtung und der Option, zu den Tieren ins Wasser zu gehen und mit ihnen, sofern sie wollen, zu interagieren. Das wollen – nein, das müssen – wir unbedingt machen.

Ich bin schon einmal vor sehr vielen Jahren mit Delfinen auf den Bahamas geschwommen. Vor Ort gab es die Möglichkeit, in einer Bucht Delfine, die aus grausamer Haltung in Delfinarien und idiotischen Hotelpools gerettet wurden, zu erleben. Man konnte sie zwar leider nicht mehr in die Freiheit entlassen, aber wenigstens lebten sie nun in ihrer natürlichen Umgebung, im Meer, und nicht in engen, oftmals ihre sensible Haut verätzenden, gechlorten Pools. Und tatsächlich durfte man zu diesen frei lebenden Delfingruppen ins Wasser springen – einfach großartig!

So ist die Entscheidung schnell gefällt: Wir bleiben heute Nacht in Paihia. Nach kurzem Suchen finden wir direkt am Ortsausgang einen Campingplatz. Leider will die nette junge Frau uns die kleine Cabin mit vier Betten, Küche und Bad mit Toilette aber nur ab mindestens zwei Übernachtungen vermieten, da es überhaupt die letzte noch freie Einheit ist. Mittlerweile dämmert es aber schon. Das heißt, die Chancen, noch einen anderen Campingplatz mit besetztem Office zu finden, werden minütlich geringer und die Hotels in der Stadt, an denen wir vorbeigefahren sind, hatten größtenteils *No-Vacancy*-Schilder an ihrem Eingang.

Daher bleiben wir hartnäckig, pokern ein bisschen damit, die Delfintour über ihr Büro zu buchen, und für zehn Dollar Aufpreis und das Versprechen, keine Unordnung zu hinterlassen – wir doch nicht! –, bekommen wir dann doch noch unsere Betten für diese eine Nacht.

Lustigerweise stehen die angebotenen kleinen Wohneinheiten außerhalb des eigentlichen Campgrounds und wirken wie diese alten, etwas heruntergekommenen Jugendherbergen im Osten von Deutschland, die die Vorwendezeit überlebt haben. Die meisten der kleinen Bungalows stehen leer oder sind komplett ausgeräumt und in der Mitte der Anlage befindet sich ein Pool, der als Schuttabladeplatz genutzt wird. Der Spielplatz hat seinen Zenit auch überschritten, seine Aufbauten sind alt und aus den Angeln gerissen.

Okay, eine Nacht stellt aber mittlerweile kein Problem mehr für uns dar, endlich kommen in Ermangelung von Bettwäsche alle unsere Baumwollschlafsäcke zum Einsatz und auch unsere mitreisenden Handtücher werden genutzt. Wäre ja auch zu ärgerlich, wenn wir die umsonst eingepackt hätten.

Am nächsten Morgen geht es dann aufs Boot. Aber leider ist das Wetter nicht mehr ganz so schön wie die Tage zuvor, der Wind frischt langsam auf und die See wird rauer. Das bedeutet für uns, dass sich unsere Chancen, auf Delfine zu treffen, deutlich verkleinern – nicht weil die Delfine in irgendeiner Weise vom Wetter beeinflusst wären, sondern weil es einfach schwieriger ist, sie auf dem unruhigen Meer auszumachen.

Aber wir vertrauen auf unser Glück und werden auch tatsächlich nicht enttäuscht: Nach circa zweistündiger Suchfahrt taucht eine große Delfinschule vor uns auf, die wir einige Zeit mit dem Schiff begleiten. Die Delfine sind davon völlig unbeeindruckt und gestatten uns tolle Einblicke. Sie haben erkennbar noch sehr kleine Jungtiere in ihrer Gruppe, die flankiert von den großen Tieren herumtollen. An Bord erfahren wir, dass Delfine ihre Jungen bis zum Alter von sechs Jahren säugen und eine sehr enge, liebevolle und familiäre Bindung aufbauen. Um die Jungtiere nicht zu stören, dürfen wir allerdings nicht zu dieser Gruppe ins Wasser. Schade, aber nur zu verständlich, denn bei aller Begeisterung will man ja respektvoll mit der Natur und den Tieren umgehen und diese nicht bei ihren natürlichen Verhaltensweisen unterbrechen.

Mittlerweile ist es auch so frisch geworden, dass der Ausblick, ins Wasser zu gehen, selbst mit unseren neuen Wetsuits nicht wahnsinnig verlockend erscheint. Wir treffen zwar auf unserem vierstündigen Ausflug leider keine andere Delfingruppe mehr, genießen aber den wilden Bootsritt auf den höher werdenden Wellen total und haben zugleich eine spannende Sightseeingtour durch die Inselwelt vor Russell und Paihia.

Als wir am Nachmittag wieder festen Boden unter die Füße bekommen, entscheiden wir uns, noch heute den Weg zur Hukatere Lodge in Angriff zu nehmen, einer Campinganlage, die uns von Claus' altem Freund Jürgen empfohlen wurde. Sie ist gleich am Ninety Mile Beach gelegen und wird von einer Deutschen, Gabi, betrieben. Als wir die Hauptstraße für die letzten zehn Kilometer verlassen, ändert sich die Landschaft um uns völlig. Wir fahren durch ein komplett abgeholztes Gebiet. Zwar können wir erkennen, dass überall wieder kleine Bäume gesetzt wurden, um den zerstörten Wald wieder aufzuforsten, aber es hat schon etwas Beklemmendes und sehr Trauriges, durch diese Mondlandschaft der Zerstörung zu fahren.

Aber wir wären nicht in Neuseeland, wenn nicht selbst dieser Wunde der Erde ein kleiner Zauber innewohnen würde. Sie merken schon, ich werde wieder sentimental und daher etwas prosaisch in meiner Begeisterung für Neuseeland. Doch plötzlich steht da ein Pferd – nicht aufm Flur, sondern direkt am Straßenrand. Wieso wohl?

Es bleibt auch nicht bei dem einen, denn auf einmal nehmen wir zwischen den vielen Bäumchen ganze Pferdeherden wahr. Noch sehr kleine Fohlen tollen herum und springen auch gern mal unvermittelt auf die Straße, da nirgendwo in diesem riesigen Gelände eine Umzäunung auszumachen ist. Tatsächlich haben sich in diesem Gebiet halbwilde Pferde angesiedelt, die hier ganz auf sich gestellt leben. Was für ein toller Anblick!

Bei Gabi angekommen, verschlechtert sich das Wetter leider noch mehr, ein feiner Nieselregen setzt ein, der anfangs nicht unangenehm ist, aber auf Dauer dennoch völlig durchnässt. Das hält die Jungs nach der langen Autofahrt aber nicht davon ab, im verbleibenden Restlicht noch mal richtig aufzudrehen und sich in diesem riesigen Dünengelände auszupowern, während Claus und ich unsere winzig kleine Behausung für die Nacht beziehen, eine Einheit mit einem Doppelstockbett, in das drei Personen passen, und einem schmalen Extrabett. Das war's. Sonst nichts. Auch keinerlei Strom oder Lichtquellen. Zwei Toiletten und eine Dusche mit heißem (juchhu) Wasser sind weitläufig auf dem Gelände untergebracht und es gibt eine kleine Gemeinschaftsküche mit Tisch.

Reicht uns, wir sind ja mittlerweile echt erprobt in der Basic-Lebensart und freuen uns total auf eine Sternennacht fernab von jeglichen Lichtquellen. Leider haben aber selbst die Lichter von oben keine Chance, durch die Wolkendecke zu uns durchzudringen, und wir fallen in einen äußerst geruhsamen Schlaf hier weit weg von allem.

Übrigens möchte Vidal bei Gabi als Darth Maul vorgestellt werden (immer mal was Neues), aber da der Star-Wars-Hype hier wohl nie vorbeigeschaut hat, findet Gabi das nicht wirklich eigenartig, sondern scheint das nur für einen ziemlich durchgeknallten Namen zu halten. Dafür revanchieren wir uns gern und finden es auch völlig normal, als Gabi auf meine eventuell zu forschen Fragen nach ihren Auswanderungsgründen anfängt, ihren Hund anzusingen beziehungsweise anzuheulen. Der setzt auch noch prompt als zweite Stimme ein und gemeinsam intonieren die beiden inbrünstig.

Leider hat der Wettergott auch am nächsten Morgen kein Einsehen und im strömenden Regen beschließen wir spontan, weiterzuziehen und keine zweite Nacht mehr bei Gabi zu verbringen – was eigentlich schade ist, denn näher kann man der Natur kaum mehr sein. Ich fühle mich hier schon ein bisschen wie in *Meine kleine Farm* (oder so ähnlich), wenn ich den auf dem Gelände frei laufenden Kühen vorsichtshalber ausweiche – da die nicht wirklich Spaß verstehen, wenn man ihren Kälbern zu nahe kommt –, und nicht zuletzt, wenn ich den Livegesängen von Hund und Gabi lausche. Aber klatschnass ist das doch nur der halbe Spaß und wir haben ja noch ein paar Must-dos im nördlichsten Norden von Neuseeland abzuarbeiten. Also verlassen wir Gabi und die Hukatere Lodge wieder.

Da unsere Kleidung echt nass ist, unser Gepäck aber im Kofferraum ziemlich zugebaut ist, reisen wir kurzerhand mehr oder weniger nackt weiter. Wie wohl die neuseeländische Polizei reagiert, wenn sie uns so einer Verkehrskontrolle unterziehen will? Das Gleiche würde ich mich in den USA nicht trauen, wahrscheinlich stünde dort gleich der Knast wegen Erregung öffentlichen Ärgernisses an. Und hier? Keine Ahnung, vielleicht auch ganz gut, dass wir nicht in die Situation kommen, das herauszufinden.

IM-PO-SAND

... und es wäre nicht Neuseeland, wenn nicht ein Highlight das nächste jagen würde. Nach kurzer Fahrt und einem Regenstopp stehen wir vor gigantischen Sanddünen, und ich meine wirklich gigantisch!

Die Giant Te Paki Sand Dunes sind so imposant, dass ich mich nicht traue, an allen Stellen per Sandboard runterzurasen – bei den etwas gemäßigteren Abfahrten bin ich aber auch mit dabei. Die Jungs sind begeistert und wir natürlich auch. Was für eine Landschaft! Die meterhohen Sanddünen gehen nahtlos über in den saftig grünen Urwald einerseits und irgendwo in der Ferne grenzen sie an das Meer und den Ninety Mile Beach andererseits. Hier möchte man den ganzen Tag verbringen und immer wieder neue Sandformationen erklimmen – was übrigens echt anstrengend ist – und begeistert runtersausen. Aber leider setzt auch hier nach ein paar Stunden voller sandigem Spaß der Regen ein und wir fahren weiter. Allerdings mit ordentlich Sand in den Klamotten, der eine Art Farbstoff an sich zu haben scheint, der auf unseren Sachen ziemlich gut hält.

Als wir vor einigen Jahren Silvester in der Wüste von Abu Dhabi verbrachten, sind wir auch mit Boards die Dünen runtergerutscht, aber im Vergleich zu diesen Erhebungen hier auf der Nordinsel war das echt Pillepalle. Gigantisch, sowohl was Höhe und Ausbreitung als auch was die Mystik angeht!

Ein kostenloser Spaß für die ganze Familie, man braucht nur ein Sandboard. Das kann man sich aber gegen eine geringe Gebühr bei Anbietern kurz vor den Dünen oder gleich direkt am Parkplatz ausleihen. Lohnt sich definitiv.

Wenn man glaubt, dass man Neuseeland kennenlernt, wenn man die in allen Reiseführern aufgelisteten Must-dos abhakt, dann sieht man zwar tatsächlich sehr spezielle und schöne Orte, verpasst aber einen Eindruck vom Leben abseits der reinen Touristenpfade. Da wir ja spontan, ungeplant und nur mit einer ungefähren Richtung und Zeiteinteilung unterwegs sind, können wir natürlich auf neue, überraschende Ereignisse ganz gut reagieren.

Da ich Pferde ja ganz nett finde, halten wir selbstverständlich auch mit zwei murrenden Jungs (»Oh, Mann, Pferde, muss das sein?«) an, als wir an einer vermeintlichen Pferdepräsentation mit Reitturnier vorbeikommen, direkt an einem kleinen Städtchen im Landesinnern der Nordinsel gelegen. Das Murren nimmt aber ganz schnell ab und verstummt gänzlich, als wir beim Gang über den weitläufigen Festplatz feststellen, dass die Pferde weder die Haupt- noch die alleinige Attraktion sind. Wettholzhacken und Schnell-Schafscheren wechseln sich mit spielerischen Aktionen der örtlichen Feuerwehr zum Verhalten bei starker Rauchbildung innerhalb von geschlossenen Räumen ab. Reine, ursprüngliche Volksfeststimmung also; an unterschiedlichsten Verkaufsständen werden typische Farmartikel angeboten.

Wenn sich auf Partys eine Menschentraube bildet, dann sollte man ja schon mal genauer gucken, was es denn da so Spannendes geben könnte. In diesem Fall ist es ein qualmendes, mit Glut gefülltes Loch im Boden, aus dem kleine, dampfende, in Alufolie verpackte Päckchen herausgeholt und an die begeisterten Endkonsumenten verkauft werden. Das handgeschriebene Schild über der improvisierten Theke, *Hangi: One – 8 NZ-Dollar; Four – 30 NZ-Dollar*, lässt zumindest für uns keine Rückschlüsse darauf zu, was genau hier so begeistert an die Leute gebracht wird.

Aber können so viele Menschen irren? Okay, ja, natürlich können sie, aber wir stellen uns einfach mal an und fragen unseren Vordermann, um was es denn hier genau geht. Der Antwort, gespickt mit den selbstverständlichen *awesome* und *lovely*, entnehmen wir nur, dass es sich tatsächlich um etwas Essbares handelt, eine neuseeländische Spezialität, die im Boden gegart wird und *very sweet* schmeckt. Hört sich lecker an, Früchte des Landes, wie Claus immer so schön sagt, muss man vor Ort konsumieren. Also ist die einzige Frage, die sich uns noch stellt: ein Päckchen oder doch gleich vier mit entsprechendem Preisnachlass für jeden von uns?

Ich bin zwar nicht gerade die Mutter der Porzellankiste, aber definitiv ein wenig vorsichtiger, was unbekanntes Essen und die damit verbundenen Geldausgaben angeht. Daher nehmen wir erst mal nur ein Alupaket und rätseln, während wir uns auf die Stufen mit Blick auf den Reitturnierplatz setzen, was wir wohl jetzt Leckeres bekommen. Der Hinweis *very sweet and delicious* lässt uns gemeinschaftlich auf verschiedene angebratene oder gedünstete Früchte hoffen, was uns sehr freuen würde. Aber weit gefehlt, uns präsentiert sich ein undefinierbarer heißer Fleischhaufen, den Claus leider ganz allein essen muss. Jahvis und ich sind als Vegetarier eh raus und Vidal findet es optisch nicht ansprechend genug, um es überhaupt auch nur zu probieren.

Sanddüne
47 Te Paki Stream Road,
Cape Reinga 0484

AVATAR IN NEUSEELAND

Neuseeland das Land der Hobbits, voll von Mythen, Sagen und Erzählungen: Unsere heutige Etappe sieht den Besuch eines der größten überhaupt noch bestehenden Kauriwälder, dem Waipoua Forest, im Nordland auf der Nordinsel vor. Wir wollen den bekanntesten und für die Mystik der Maori überaus wichtigen Kauribaum, den *Tane Mahuta*, besuchen. Allein dass dieser Baum – wie einige andere seiner Gattung auch – einen eigenen Namen trägt, macht ihn für uns schon sehr besonders und seine Geschichte ist wunderschön.

Tane Mahuta, der Herr des Waldes, ist der Sohn von *Ranginui*, dem Himmelsvater, und *Papatuanuku*, der Erdenmutter. Die beiden sind das ursprüngliche Paar und lagen einst in innigster Umarmung eng umschlungen. Tane drückte seine Eltern auseinander, um Licht, Raum und Luft zu erschaffen und somit das Leben erblühen zu lassen. Daher ist Tane der Lebensspender und alle lebendigen Wesen sind seine Kinder.

Ist diese Geschichte nicht genauso wahrscheinlich oder unwahrscheinlich wie die eines übermächtigen Gottes, der in ein paar Tagen das Universum und alles Leben darin erschaffen hat? Auf jeden Fall gefällt sie mir unheimlich gut und ich bin fasziniert davon, dass dieser Baum – das ist tatsächlich wissenschaftlich erwiesen – als kleines Pflänzchen vor ungefähr zweitausend Jahren anfing zu wachsen, also zu Lebzeiten von Jesus.

Ein Baum als Lebensspender – wenn James Cameron nicht genau das im Kopf hatte, als er das Drehbuch zu »Avatar« geschrieben und den Baum als Lebensraum, aber auch den Seelenbaum erschaffen hat. Angefüllt mit all den mystischen Gedanken müssen wir erst mal ganz irdisch durch eine profane Schleuse wandeln, damit wir nichts, was an unseren Schuhsohlen klebt und den Wald bedrohen könnte, mit in die Welt der Kauris schleppen.

Unser durch Holzstege vorgegebener Weg führt uns hinein in die Tiefen des Waldes. Man darf nicht von ihm abweichen, da die Wurzeln der Kauribäume so empfindlich sind, dass ein Darüberhinweg-Latschen sie bereits derart verletzen könnte, dass diese großen Bäume sterben. Eine ganz besondere Ruhe geht von diesem Ort aus und wir ertappen uns dabei, dass wir nur noch flüsternd miteinander sprechen, wie um die Bäume, aber auch diese Atmosphäre nicht zu stören. Allen anderen Besuchern, die uns unterwegs begegnen, scheint es aber ähnlich zu gehen; auch unter ihnen dominiert ein sehr ruhiges, ja beruhigendes Verhalten. Und dann stehen wir vor dem mächtigen *Tane Mahuta*, dem Lord of the Forest, und lassen uns in seinen Bann ziehen. Mächtig steht er da, strahlt einfach nur ein friedliches Sein aus.

Jedenfalls geht von diesem Ort, von diesem Leben etwas ganz Besonderes aus und ich kann die Mystik, die die Maori diesen Bäumen zuschreiben, nachvollziehen. Und wie so oft kann und sollte man erst gar nicht versuchen, dieses Gefühl auf Fotos zu bannen – geht nämlich nicht, zum einen, weil man dieses Empfinden nicht einfangen kann, aber auch weil man ganz profan den gesamten Baum plus Menschen davor nicht auf ein kleines Foto bekommt.

Unser Pfad führt uns auch noch zu *Te Matua Ngahere*, dem Vater des Waldes, und zu den *Four Sisters*, einer Ansammlung von vier Kauribäumen, die sehr eng beieinanderstehen und fest verbunden zu sein scheinen. Insgesamt habe ich das Gefühl, dass man hier einer außerordentlichen spirituellen Kraft begegnet; und wer weiß, vielleicht findet sich hier wie im Film »Avatar« irgendwo auch ein Baum der Seelen, der eine Verbindung mit Eywa herstellen kann – also ich wäre in diesem Moment absolut bereit, das zu glauben und zu akzeptieren.

Im Anschluss an all den mystischen Zauber brauchen die Jungs aber erst mal wieder ein irdisches Vergnügen, und was macht man dann am besten im Mutterland der Funsportarten? In unserem Fall ist es eine rasante Quadtour bei unserem nächsten Übernachtungsstopp direkt am Ninety Mile Beach. Wir können uns hier die schnellen Gefährte für eine spontane Ausfahrt mieten und sind auf dem menschenleeren lang gezogenen Strand, der früher sogar eine offizielle Verbindungsstraße war, rasant unterwegs. Vidal fährt bei Claus mit und Jahvis und ich teilen uns ein Quad. Ich finde, es ist definitiv der richtige Ort und die richtige Zeit, dass mein großer Sohn das Steuer selbst übernimmt. Anfänglich sitze ich dabei noch hinter ihm, doch dann fährt er den Strand auch allein nach seinen Wünschen und in seiner eigenen Geschwindigkeit auf und ab. Nicht nur für die Kinder ein Megaspaß!

THE PLACE 2 B: GEHT NICHT GIBT'S NICHT

So, jetzt isses passiert: Ich will nicht mehr weg von hier! Ich habe meinen Herzensort gefunden: die Nordinsel Neuseelands.

Die Natur ist überwältigend schön, rau, sanft, inspirierend und das Klima angenehm subtropisch, nicht zu heiß, aber schön warm. Nachts kühlt es für einen angenehmen Schlaf ein bisschen ab, wird dabei aber nie zu kalt. Die Menschen sind freundlich, lächelnd, verlässlich und fröhlich. Und diese Weite! Neuseeland hat insgesamt gerade mal so viele Einwohner wie Berlin plus direktes Umland. Viele der Tiere hier gehören zu den endemischen Arten, die nur hier und sonst nirgendwo auf der Welt vorkommen, keine giftigen oder wirklich gefährlichen Gattungen … okay, also fast keine. Freizeit findet für die Neuseeländer hauptsächlich im Freien statt, beim Surfen, Tauchen, Trekking, Klettern, Schwimmen, Laufen oder einer der vielen weiteren Funsportarten, die zum Teil sogar in Neuseeland erfunden wurden.

Vor allem merke ich, wie das alles zusammen auf mich wirkt und mich ruhiger und zufriedener werden lässt. Mir wird mal wieder bewusst, was und wie viel beziehungsweise wie wenig man tatsächlich braucht. Und zwar nicht, weil man es nicht konsumieren könnte – weil nicht im Angebot –, sondern weil man spürt, dass es nur eine Ersatzbefriedigung für irgendetwas wäre. Ich als absolute Schuhfetischistin vermisse es keine Sekunde, mir neue Treter zu kaufen, obwohl ich seit Wochen in ein und demselben Paar Flipflops oder barfuß herumlaufe.

Während in Berlin der Hype um Fashion Week und anschließende Berlinale Einzug gehalten hat, empfinde ich diesen ganzen Rummel gerade ein bisschen als Zeitverschwendung und bin sehr froh, dass mein Place 2 B (Name der legendären BILD-Party während der Berlinale) genau hier in der Natur Neuseelands ist.

Die Vorstellung, dass meine Söhne in der Natur Wellen reiten und mit Spaß am Leben fernab von Menschenansammlungen in Ballungsräumen, trumpscher Machtpolitik, terroristischen Anschlägen und einer Ellenbogengesellschaft, die sich nur an Karrieregeilheit orientiert, aufwachsen, wäre sehr beruhigend für mich und ist hoffentlich nicht nur ein frommer Wunsch.

Realitätsfremd? Vielleicht.

Unmöglich? Wird sicherlich nicht ganz einfach, aber … Geht nicht gibt's nicht!

Vielleicht nicht gleich morgen, aber in meinen Gedanken spiele ich schon mal verschiedene Szenarien durch.

Ich bin so gespannt, wie es uns allen nach den bereits verlebten Wochen gehen wird, denn auch bei den Jungs merke ich, dass sie sich immerhin ein Leben hier vorstellen können, was bei meinen bisherigen anfänglichen Begeisterungsstürmen für andere Länder nie so recht der Fall war.

Auf den Spuren von Jacques Cousteau

Der Nordinsel vorgelagert gibt es eine kleine Inselgruppe, die Poor Knights Islands. Diese circa zwanzig Kilometer vor Tutukaka (ja, der Ort heißt wirklich so) liegenden Inseln vulkanischen Ursprungs sind sowohl oberhalb als auch unterhalb des Wassers erklärtes Schutzgebiet. Allein das Festhalten an einem aus dem Wasser ragenden Felsen würde eine Strafe von zweihundertfünfzig NZ-Dollar nach sich ziehen, das Betreten der Insel sogar mit bis zu fünfzigtausend NZ-Dollar geahndet. Denn hier ist zum Beispiel einer der letzten Lebensräume einer kleinen Echse, die – auch mal wieder – endemisch ist, also nur hier vorkommt und natürlich unbedingt geschützt werden muss. Die Unterwasserwelt wurde zum Marine Reserve erklärt. Das bedeutet, dass nichts, wirklich Nullkommanix von vorbeikommenden Booten im Wasser zurückgelassen werden darf.

Das hat für uns zur Folge, dass wir bei der Überfahrt von Tutukaka – die echt sehr schaukelig ist – dem halben Boot beim Kotzen in Papiertüten zuschauen dürfen, denn auch das Fischefüttern mit jeglichem »Futter« ist strengstens verboten. Problem ganz konkret für mich: Mir macht es zwar nichts aus, meinem sich mittlerweile ebenfalls übergebenden jüngeren Sohn zuzuschauen und ihm zu helfen. Dafür lösen aber die Würgegeräusche meiner grün gesichtigen Nachbarin auch bei mir eine immer stärker werdende Übelkeit aus.

Auch Jahvis ist mittlerweile bei Weitem bleicher im Gesicht als noch heute Morgen beim Aufstehen. Aber wir halten beide tapfer gerade so durch, und im Windschatten der Poor Knights Islands ist das Meer dann auch wunderbar ruhig und wir legen unsere Tauchausrüstung an. Denn dafür haben wir diese Bootsfahrt ja auf uns genommen – hier soll laut Jacques Cousteau einer der zehn beeindruckendsten Unterwasserspots der Welt zu finden sein, und wir werden ihn erkunden!

Jedoch müssen wir zuvor das schwierige Anziehen bewältigen. Bisher waren wir nur Warmwassertaucher, die im Zweifel in Bikini oder Badehose runtergegangen sind. Daran ist diesmal aber nicht zu denken und wir versuchen, uns mit gegenseitiger Unterstützung irgendwie in die sehr dicken Tauchanzüge reinzuzwängen und dabei nicht wie Presswürste auszusehen. Kleidsam ist anders. Wir müssen sogar noch wärmende Kapuzen (die heißen im Fachjargon sicherlich anders) überstülpen. Da die Anzüge unter Wasser einen entsprechend starken Auftrieb zur Folge haben, gibt es außerdem Bleigurte, die wir zusätzlich anlegen sollen. Echt schwer die Teile, bei mir immerhin zehn Kilogramm.

Nie fühlte ich mich einem Käfer näher als jetzt, relativ unbeweglich in meinem engen Tauchanzug, behängt mit kiloschwerem Blei, an den Füßen lange Flossen, mit denen ich nur sehr schwer laufen kann und die die Gefahr bergen, das Gleichgewicht zu verlieren und dann bedingt durch die schwere Tauchflasche auf meinem Rücken nie wieder allein aufstehen zu können. Flotter Käfer war leider keines der Attribute, die Claus mir mit Blicken zugeworfen hat, aber wenigstens unter Wasser habe ich vor, ihn mehr an eine Meerjungfrau zu erinnern.

Aber dafür hat er letztlich so gar keinen Blick, was absolut verständlich ist bei dem Aquarium, in das wir da reinspringen. Die Unterwasserwelt, die sich uns hier eröffnet, ist einfach wunderbar. Große Kelpwälder, riesige Fischschwärme, die uns neugierig betrachten, große Stachelrochen, Steinfische und sogar Moränen kommen in unser Gesichtsfeld und ständig entdecken wir neue farbenprächtige Lebewesen.

Als wir später mit den anderen Tauchern unseres Bootes unsere Fotos, Erlebnisse und Abenteuer austauschen, bekommen wir einen Unterwasserfilm von unserem Tauchgang gezeigt, auf dem mal eben ein Hai majestätisch vorbeischwimmt. Leider haben wir ihn nicht direkt bemerkt, aber wie Claus auf ihn reagiert hätte, kann ich mir in den schillerndsten Farben ausmalen. Auf jeden Fall sind wir zutiefst beeindruckt von dieser wunderschönen Unterwasserwelt – auf den Spuren von Jacques Cousteau.

Schön, mehr Worte braucht es für diesen Tag nicht. Für uns ungewohnt und überraschend, aber ausschließlich auf positive Weise.

TINA GEPRÜFT

Wir sind auf der Nordinsel mit Dive! Tutukaka getaucht. www.diving.co.nz

Hopp, hopp, hopp, Pferdchen lauf Galopp

Auf unserem Rückweg nach Auckland, den wir leider schon antreten müssen, wollen wir noch einmal auf unserem ersten Campground auf der Nordinsel übernachten, am Pakiri Beach, da es uns dort dann doch am besten gefallen hat.

Und wir werden auch beim zweiten Mal nicht enttäuscht. Diesmal lassen wir die Jungs mit einem netten Film in unserer Cabin zurück und Claus und ich buchen uns einen Strandausritt.

Wirklich beeindruckend. Auch wenn wir nur im Schritttempo an diesem schier endlosen weißen Sandstrand entlangreiten, ist es ein tolles Erlebnis. Dadurch, dass es so langsam und gemütlich vorangeht, bleibt uns genügend Zeit, das Meer nach Delfinen abzusuchen, denn tatsächlich werden die hier oft gesichtet. Aber das Glück, Delfine zu sichten, haben wir heute leider nicht. Dafür ist es aber an unserer Seite, als wir in die grandiose Dünenlandschaft abbiegen und sich unsere Reitergruppe vorübergehend aufteilt, damit diejenigen, die sich eine schnellere Gangart zutrauen, auch mal in diesen Genuss kommen. Natürlich bin ich da gern dabei – und bleibe im ersten Moment die Einzige. Aber Claus, typisch Mann (»Klar, kein Problem, geht schon«), entscheidet sich schließlich, auch mitzukommen. Dumm nur, dass ich die Ansage »We are going to trott a little« für ihn als »Wir werden ein wenig traben« übersetzt habe. Ups, ich hatte wirklich geglaubt, dass das die entsprechende Gangartübersetzung ist. Kurz gesagt: War sie nicht. Auf jeden Fall nicht bei diesem Ausritt.

Stattdessen ritten wir mit richtig Tempo im Galopp den nächsten geschwungenen Dünenweg rauf. Ein echter Spaß für mich, aber – oh, oh! – oben angekommen, traute ich mich kaum, mich nach Claus umzuschauen. Ich ging fest davon aus, dass Claus mindestens auf halb acht hängen oder bereits neben dem Pferd hocken würde. Aber – Hut ab und meinen vollen Respekt, er saß noch immer – alles Glück der Erde ist eben *auf* dem Rücken der Pferde. *Oben!* Nur durch leichte, rhythmische Unstimmigkeiten zwischen seinem Pferd und ihm sprach er ganz kurz eine Oktave höher, was glücklicherweise aber nur von kurzer Dauer war.

Definitiv ist ein Ausritt am Pakiri Beach ein Must-do, egal ob versierter Reiter oder Anfänger, die Natur ist so unglaublich schön, dass man es auf jeden Fall genießt.

TINA GEPRÜFT

Hier haben wir auf der Nordinsel übernachtet:
Ibis Budget Airport Hotel, 120 Euro, ein Zimmer, vier Betten, Bad, na ja, wie es halt am Flughafen ist.

Pakiri Beach Holiday Park, 200 NZ-Dollar, zwei Schlafzimmer mit Wohnküche, Bad, superschöne Lage. Hier kann man auch länger versacken. Toll!
www.pakiriholidaypark.co.nz

Campingplatz in Paihia, 90 NZ-Dollar, zwei Schlafzimmer, Wohnküche, eher durchwachsen, unterer Durchschnitt.

Hukatere Lodge (Gabi), 80 NZ-Dollar, ein Zimmer mit drei Betten. Es gibt aber auch noch andere Zimmer mit mehr Komfort bei ihr. Wir können die Logde uneingeschränkt empfehlen, definitiv ein besonderes Naturerlebnis.
www.hukatere.com

Ahipara Holiday Park, zwei Nächte 150 NZ-Dollar, zwei Schlafzimmer, tolle Anlage mit schönen Gemeinschaftsräumen. Die Bungalows sind sehr schön und gut ausgestattet. Fußläufig zum Ninety Mile Beach.
www.ahiparaholidaypark.co.nz

Campingplatz: Tutukaka Holiday Park, sehr nett, schöne Bungalows, fußläufig zum Tauchcenter, schöner Kinderspielplatz und Trampolin. 150 NZ-Dollar zwei Schlafzimmer.
www.tutukaka-holidaypark.co.nz

HAPPY, HAPPY? CAMPER

Die zwei unverhofften Zusatzwochen in Neuseeland haben wir mit bleibenden wunderbaren Eindrücken gefüllt. An manchen Tagen ging mir – obwohl ich von mir behaupte, nicht nah am Wasser gebaut zu sein – die Schönheit der Natur zusammen mit der Leichtigkeit und Lässigkeit der Kiwis, also der Einwohner, nicht der Vögel, so nah, dass ich einen Kloß im Hals bekam und echt an mich halten musste, um nicht loszuheulen. Völlig kitschig und gefühlsduselig, ich weiß, und mir eigentlich sehr unähnlich. Aber es ist echt fast *zu* schön hier, zumindest für mich.

Aber jetzt heißt es erst mal wieder weiterziehen, Gott sei Dank noch nicht ganz weg aus Neuseeland, sondern erst mal nur auf die Südinsel. Also ein schneller, kleiner Hüpfer via Flugzeug von Auckland nach Christchurch.

Nach den bisher auf der Reise absolvierten neun Flügen fliegen wir vier mittlerweile so unaufgeregt, als würden wir in einen Zug oder Bus steigen. Es wird nur immer schwieriger, unser Gepäck so auszutarieren, dass es den Vorgaben der Airlines entspricht, denn nach wie vor reisen wir mit drei Gepäckstücken, die allerdings durch ihre unterschiedlichen Größen nicht gleich viel Kapazität haben. Unsere Muschelsammlung wird täglich größer und mittlerweile sind vier Bodyboards und für jeden von uns ein Wetsuit dazugekommen.

So komme ich auch in den zweifelhaften Genuss, dass mein Name am Airport ausgerufen wird, weil einer der von mir aufgegebenen Koffer mittlerweile achtundzwanzig Kilo wiegt, aber nur dreiundzwanzig erlaubt sind. Wie blöd, ich dachte, ich würde so durchrutschen. Glücklicherweise habe ich ja immer meine Extrabeutel in der Tasche, um Plastiktüten beim Einkauf zu vermeiden, und wir fummeln uns ein zusätzliches Handgepäckstück zusammen und umgehen es damit, völlig überteuerte Preise für die Extrakilos bezahlen zu müssen.

Nach dem kurzen Flug am Abend gehen wir für die eine Nacht in ein Hotel in der Nähe des Airports, bevor wir am nächsten Morgen den von allen drei Jungs sehnlichst erwarteten Camper entgegennehmen und per Wohnmobil einen Teil der Südinsel erkunden können.

Im Vorfeld war es gar nicht so einfach, diesen Wagen zu bekommen – zumindest hatten wir uns das anders vorgestellt. Es ist wohl unserem ungeplanten Reisestil zuzuschreiben, dass wir erst vor wenigen Tagen damit begonnen haben, uns bei verschiedenen Anbietern nach einem Camper zu erkundigen. Wir glaubten tatsächlich, eine große Auswahl an Preisen und Kategorien vorzufinden. Tja, ausnahmsweise lief das mal nicht ganz so einfach. Auch wenn wir es gerade als wunderbar leer auf den Straßen der Insel empfinden, so ist doch gerade jetzt zum neuseeländischen Sommer Hochsaison für die Vermieter und die meisten Urlauber haben einen mindestens sechsmonatigen Vorlauf bei der Bestellung ihres Wunschfahrzeugs.

Ach was? Echt jetzt? Und nu?

Nach längerem Suchen und Rumtelefonieren konnten wir aber doch einen Camper auftreiben, den Claus – weil viel zu klein und überhaupt irgendwie falsch – vor Ort noch mal in eine größere Version umtauscht. Ich bin nur semibegeistert, muss ich sagen, denn die Gesamtkosten reichen inklusive Versicherung verdammt nah an ein recht luxuriöses Hotelzimmer heran. Aber alle anderen sind begeistert, und da ich tatsächlich noch nie Wohnmobilurlaub gemacht habe, ist es doch mal einen Versuch wert. Und wenn nicht hier, wo bitte dann?

Also ab jetzt sind wir Camper. Wenngleich noch nicht so ganz happy damit – zumindest ich! –, denn bereits am ersten Tag stoße ich mir dreimal den Kopf und haue mir beim Umdrehen im Bett ordentlich das Knie an. Als ich bewegungslos vor dem Wohnmobil stehe, schlägt mir die Seitentür durch einen heftigen Windstoß voll gegen den Arm, den jetzt ein fetter blauer Fleck ziert. Ich glaube, das war Absicht! Langsam nehme ich das persönlich, das Teil und ich müssen uns definitiv noch anfreunden, im Moment gewinnt es noch jede Auseinandersetzung, und ich bin von Blessuren gezeichnet.

Christchurch, die wohl bekannteste Stadt auf der Südinsel, hatten wir eigentlich gar nicht auf dem Plan, außer zum Ankommen und Abfliegen. Da wir aber wegen des Wohnmobilwechsels einen halben Tag Leerlauf haben, bleibt uns Zeit, die Stadt ein wenig zu erforschen. Völlig überrascht sind wir von dem entspannten Laisser-faire, das wir vorfinden. Was für eine ruhige und schöne Atmosphäre, die vor allem Jahvis so gefangen nimmt, dass er ganz spontan sagt, dass er direkt hierbleiben und leben möchte. (Diese Situation hatten wir tatsächlich so noch nie, weder auf dieser Reise noch sonst irgendwann.) Aber ich muss sagen, ich kann ihn eigentlich verstehen, es ist wirklich entspannt und einnehmend hier. Auch wenn man nach wie vor die Schäden in der Innenstadt sieht, die das schwere Erdbeben von 2011 angerichtet hat.

Es gibt sogar eine Art Cable Car, so ähnlich wie in San Francisco, mit dem man eine nette kleine Innenstadtrundfahrt machen kann, um einen ersten Überblick zu bekommen. Definitiv sehr zu empfehlen!

Und dann heißt es für uns auch schon: »Alles einsteigen, bitte« – und wir ziehen mit dem Camper los. Tatatata! Hoffentlich bin auch ich bald: happy, happy, happy.

FRANZ ... SISSI, ÄH, TINA ...

Dieses Land hat ja echt alles, sogar Gletscher, die umrahmt von Regenwald fast bis ans Meer heranreichen. Am Franz-Josef-Gletscher, der tatsächlich nach dem österreichischen Kaiser benannt ist, verbringen wir den heutigen Tag. Und der hat es echt in sich! Wir beginnen mit einer wunderschönen Wanderung Richtung Gletscherende durch – wie kann es auch anders sein – atemberaubende Natur.

Man kann sich fast nicht vorstellen, wie gigantisch dieser Gletscher ist. Bewusst wird uns das erst, als wir auf unserer Tour hoch oben einen Hubschrauber landen sehen und den winzigen Punkt, der eben noch ein mit mehreren Passagieren besetzter Helikopter war, gerade so als Stecknadelkopf erkennen können. Wow, dieser Gletscher ist ja echt, also wirklich *echt* groß, obwohl er in den letzten acht Jahren wohl erschreckend weit zurückgegangen ist.

Da sich dieser Gletscher tagtäglich bis zu vier Meter »bewegt«, darf man nur bis zu einer bestimmten Entfernung an ihn heranwandern. Das reicht aber dennoch aus, um uns definitiv in seinen Bann zu ziehen. Bei traumhaftem Wetter genießen wir den Weg vorbei an Wasserfällen, aus denen wir begeistert trinken, um uns kurz abzukühlen. Offenbar ist dieses Wetter total außergewöhnlich, denn in dem Ort Franz Josef Glacier fallen jährlich im Durchschnitt fünf Meter Regen – ich weiß, das ist eine eigenartige Einheit für Wasser, aber das macht es anschaulich, wie viel Regen hier tatsächlich pro Quadratmeter runterfällt. Insofern ist dieser stahlblaue Himmel über uns, ohne auch nur eine Wolke, wohl etwas ganz Besonderes.

Was soll ich sagen, spontan, wie wir sind, beschließen wir, unseren Kindern mal eben frohe Ostern zu wünschen: Wir schreiben den 28. Februar, und erst in ziemlich genau sechs Wochen wird dieses kirchliche Fest gefeiert, aber wir überraschen sie zugegebenermaßen etwas verfrüht mit einem Helikopterflug auf den Gletscher. Hört sich dekadent an, ist es vermutlich auch, aber es ist tatsächlich ein einmaliges Erlebnis, den Gletscher aus der Luft zu sehen, über die tiefen Gletscherspalten zu schweben, dieses hellblaue Eis von Nahem zu betrachten und dann sogar für einige Minuten hoch oben zu landen und auszusteigen. Wegen der Osternummer verweisen wir die Kids noch auf das »offizielle« Geschenkedatum, damit die beiden – und wir – nicht komplett die Relation verlieren. Aber auch wenn der Helikopterflug als Ostergeschenk bei Weitem viel zu groß ausfällt, jetzt sind wir nun mal hier.

Was für ein unbeschreibliches Erlebnis! Wir stehen in Badehose und T-Shirt auf dem hoffentlich ewigen Eis des Gletschers, neben uns unberührter Schnee, der bis zu dreihundert Meter dick ist. Diese unglaubliche Schönheit der Natur nimmt uns alle gefangen. Wir sind tief beeindruckt, bewegt und voller Freude.

Der Hin- und Rückflug in diesem perfekt für uns zugeschnittenen Hubschrauber – fünfsitzig, mit Pilot – ist für uns alle großartig. Und als wenn das noch nicht ausreichen würde, reißen die Highlights am heutigen Tag nicht ab. Claus entscheidet spontan, dass genau hier der richtige Ort und die richtige Zeit ist, um seinen ersten Fallschirmsprung zu wagen. Eine Riesennummer für ihn, denn eigentlich plagt auch ihn eher die Angst vor großen Höhen. Aber sich einmal im Leben aus viertausend Metern hinabzustürzen, ist so eine große Verlockung für ihn, dass er alle Ängste über Bord beziehungsweise aus dem Flugzeug wirft und sich diesem Abenteuer stellt.

Tatsächlich ist hier der perfekte Ort, um sich endlich einmal zu trauen oder dieser Leidenschaft ohnehin zu frönen. Vor sehr, sehr vielen Jahren habe ich mich auch diesem Unterfangen gestellt, definitiv einschneidend und wahnsinnig aufregend, aber in der

Umgebung von Hamburg natürlich kein solch spektakuläres Erlebnis. Obwohl ich nicht vorhabe, noch einmal zu springen, muss ich gestehen, dass es mich aufgrund dieser unglaublichen Natur und der Lässigkeit, wie hier mit diesem Sport umgegangen wird, ordentlich in den … mhm, ich weiß nicht genau, wo es jucken müsste, wenn es um Skydiving geht, aber ich spüre was! Noch widerstehe ich dem Reiz …

Wir haben definitiv alle Must-dos in der Gletscherregion Neuseelands erfüllt – Wanderung zum Gletscher, Heliflug und Skydiving. Just do it! Abenteuer Leben. Abenteuerland Neuseeland.

TINA GEPRÜFT

Hubschrauber sind wir mit Fox & Franz Heliservices geflogen und waren sehr zufrieden. www.scenic-flights.co.nz

Skydive mit www.skydivefranz.co.nz superprofessionell und freundlich, unbedingt das Film- und Fotopaket dazubuchen. Tolle Erinnerung. Wanderung zum Gletscher ab »Gletscher-Parkplatz«, circa zwei Stunden. Auch unser Jüngster, Vidal, hat es locker geschafft.

Wir waren mit unserem Wohnmobil auf dem Franz Josef Top 10 Holiday, ruhig am Ortsausgang gelegen, mit schönem Blick morgens auf den Gletscher.

Nicht besucht haben wir die Hot Pools im Ort. Das sind verschieden temperierte künstliche Pools. Ist sehr überlaufen. Nach unseren großartigen Ausflügen in den Anden bei Quito und zu den heißen Quellen natürlichen Ursprungs auf den Fidschis wollten wir uns das nicht geben.

SWING – ALLES KANN, NICHTS MUSS

Während wir so in Richtung unseres nächsten Etappenziels – wer weiß schon genau, wo das sein wird? – dahincruisen, passieren wir ein Hinweisschild mit Werbung für eine Swing Bridge und ich erinnere mich, irgendwo ein beeindruckendes Foto von einer langen, hohen und frei schwingenden Brücke gesehen zu haben.

Also: Stopp, in the name of Swing, und mal sehen, wer von uns mit schaukelnden und nach unten transparenten Brücken so klarkommt. Tatsächlich gehen wir alle tapfer rüber und entdecken auf der anderen Seite auch noch die Möglichkeit, eine rasante Fahrt per Jetboat auf dem Buller River zu unternehmen.

Wieder was Neues für uns alle und ich muss gestehen ist ökologisch natürlich völlig unkorrekt, aber ein Höllenspaß! Wir erfahren außerdem, dass dieser Fluss immer noch ordentlich Gold mit sich trägt und man an seinen Ufern super Goldwaschen kann. Nach unserer vorherigen Erfahrung in Ross, einem ehemaligen Goldgräberort, wo wir zwar gelernt haben, wie man Gold wäscht, aber auch ordentlich abgezockt worden sind – für die extra in die Pfanne gelegten klitzekleinen Goldspuren im ungefähren Wert von einem Dollar haben wir sechsundzwanzig Dollar bezahlt –, wollen wir es doch noch mal auf eigene Faust versuchen, denn immerhin haben wir das Waschen jetzt schon mal teuer erlernt.

Die Jungs sehen uns schon als Millionäre von dannen ziehen, und auch Claus ist absolut enthusiastisch und stellt schon in Aussicht, dass der Spaß auch ruhig den nächsten Tag in Anspruch nehmen dürfe und sogar seine Sammelleidenschaft für Muscheln ablösen könne. Wenn man weiß und miterlebt hat, wie gern er jeden Strand nach besonderen Fundstücken absucht, will das schon was heißen.

Also ab in den nächsten Ort und spezielle Pfannen zum Goldwaschen und eine Schaufel gekauft. Ich kann gerade noch verhindern, dass jeder von uns seine eigene Pfanne bekommt … Jetzt sind wir stolze Besitzer von Gott sei Dank (nur) zwei Pfannen. In der nächsten einsamen Bucht am Fluss geht's auch schon los: Wir nehmen den sicheren Weg zum Millionär. Warum auch sonst sollte sich jemand – wie hier auf einem Schild nachzulesen – sogar die Schürfrechte sichern?

Ja, wir sind tatsächlich reicher geworden in dieser nicht ganz so wie von uns vermuteten einsamen Natur. Tausende von Sandflies hatten uns recht schnell als willkommenen Snack entdeckt, und selbst Claus wollte nach kürzester Zeit einen ungeordneten Rückzug antreten – um uns schlagend, sind wir schleunigst geflüchtet.

Wer einmal die kleinen, recht unscheinbar anmutenden roten Punkte, die diese lautlosen Tierchen hinterlassen, auf der Haut kennengelernt hat, weiß, dass die einem ganz schön lange furchtbar juckend erhalten bleiben (unglaubliche vier Wochen). Ab jetzt kenne ich zumindest einen überaus sicheren Weg, einen langweiligen Ausflug schnell zu beenden; es bedarf nur der Warnung, ich hätte Sandflies gesichtet.

TINA GEPRÜFT

Tipp: Jetboat www.bullercanyonjet.co.nz

DAS LAND, IN DEM MILCH UND HONIG FLIESSEN

… ist Neuseeland sicherlich auch nicht, auch wenn wir Orte sehen, die paradiesisch schön sind. Allerdings – und davor wollen wir unsere Augen nicht verschließen – sehen wir auch hier Gegenden, die nach wie vor der Industrie zum Opfer fallen, riesige abgeholzte Areale, Hügelketten, so weit das Auge reicht, die zwar im wunderschönen Grün satten Grases erstrahlen, aber einst dicht bewaldeter Grund waren, auf dem es Gras nicht mal gab. Stattdessen stehen und fressen gefühlte Millionen von Schafen und Kühen auf diesen Weiden und sind unter anderem durch den Ausstoß von Methangas für die Umwelt überaus schädlich.

Auch das ist Neuseeland: ein Ort mit einer riesigen, sehr starken Milchindustrie und voller Fleischliebhaber. Aber – und das lässt mich wieder hoffen – auch mit einer engagierten, ökologisch denkenden und umweltbewussten Bevölkerung, die ihr Land liebt und stolz darauf ist, an diesem wunderschönen Flecken zu leben, und daher in den letzten dreißig Jahren schon viel dafür getan hat, neue Wege zu beschreiten.

Nie wurde es uns einfacher gemacht, Mülltrennung konsequent durchzuführen, immer und überall werden wir daran erinnert, dass Wasser gespart werden muss und das dauerhafte Stand-by von elektronischen Geräten Unmengen von Strom frisst. Und wie sehr genießen wir es, dass weder am Straßenrand noch an den einsamen Naturstränden Müll herumliegt oder angeschwemmt wird.

Wir nehmen uns den auf allen Campingplätzen allgegenwärtigen Spruch sehr zu Herzen, dass man den Ort mindestens so sauber zurücklassen sollte, wie man ihn vorgefunden hat, und versuchen, ihn möglichst sogar noch besser zu verlassen. Wir nehmen einfach jeden Müll, den wir noch irgendwo finden, mit und entsorgen ihn in dem dafür vorgesehenen Mülleimer. Hoffen wir, dass die hiesigen Nationalparks erhalten bleiben und sich vielleicht sogar wieder ausweiten können.

Abel ... und kein Kain in Sicht

Wie beeindruckend diese Natur ist, kann man in ganz Neuseeland sehen; uns hat es aber ein Campground, direkt im Abel-Tasman-Nationalpark gelegen, ganz besonders angetan. Wir entdecken ihn auch wieder nur durch Zufall. Als wir bei einem Bootsausflug entlang der Küstenlinie des Nationalparks in einer der vielen Buchten kurz anlegen, sehen wir diesen Platz, der weder Strom noch warmes Wasser oder feste Behausungen hat, dafür aber ein Naturerlebnis verspricht, das seinesgleichen sucht.

Natürlich fahren wir gleich dorthin und stehen tatsächlich mit unserem Wohnmobil mehr oder weniger direkt am Meer, an einem goldenen Sandstrand. Kein Zivilisationslärm erreicht uns, und da keine flimmernde Beleuchtung das Auge ablenkt, erleben wir nachts einen von Millionen von Sternen erhellten Himmel, sprich: Extreme Romantik ist angesagt.

Wenn wir morgens aufwachen, strömt uns von draußen der Geruch von Honig entgegen – wirklich! Vielleicht liegt das an den Manukabäumen, aus deren Blütenpollen Bienen den berühmten Manukahonig gewinnen, oder an irgendeiner anderen Pflanze, die ihren Duft verströmt; auf jeden Fall kann man es sich kaum besser vorstellen.

Wir lernen direkt eine andere deutsche Familie kennen – auch mit zwei Kindern unterwegs –, die eine dreimonatige Auszeit hier in Neuseeland verbringt. Da die vier das nicht zum ersten Mal machen, bekommen wir gleich tolle Tipps von ihnen, sowohl, was wirksame Mittel gegen die allgegenwärtigen Sandflies angeht, als auch, wo man die schönsten Plätze findet. Nur in Bezug auf kreative Freizeitbeschäftigungen der Kinder, wie zum Beispiel dem Filzen, können wir lediglich die verfilzten Haare unserer Söhne vorzeigen – beginnende Dreadlocks hört sich allerdings etwas netter an.

Auf jeden Fall ist es total schön, sich auszutauschen, und die Kinder haben super Spaß mit den Spielsachen, die die Familie dabeihat.

Wir entdecken auch ein uns unbekanntes Tier auf dem Platz, so ein Mittelding zwischen Huhn und Kiwi, und beschließen spontan, dass das wohl ein *Huhki* sein muss – also jetzt ist es auf jeden Fall eins. Wir kreieren unsere eigenen Urlaubsspielchen – unsere ganz persönlichen Weltreisespiele, das ist doch immerhin auch sehr innovativ und kreativ – und lieben diese unmittelbare Nähe zur Natur.

Hier im Abel-Tasman-Nationalpark kann man wunderschöne Wandertouren verschiedener Schwierigkeitsstufen und unterschiedlicher Länge unternehmen. Da wir nicht wirklich erfahrene Wanderer mit extremer Ausdauer sind, entscheiden wir uns für eine leichte Tour, einen traumhaften Weg mit einer Gesamtlänge (hin und zurück) von circa sechs Kilometern zu Cleopatras Pools, laut Beschreibung eine Ansammlung natürlicher Pools, die von klarem

Flusswasser gespeist werden. Den Weg kann Vidal komplett barfuß beschreiten – es ist definitiv für einen solchen Barfußfetischisten wie ihn das richtige Land hier. Wir anderen freuen uns, dass unsere mittlerweile super eingelaufenen Wanderschuhe endlich zum Einsatz kommen. Auf unserer Route eröffnen sich uns fantastische Ausblicke auf verwunschene Meeresbuchten, Bachläufe, in die man nur reinspringen möchte, und eine Landschaft um uns herum, die schöner nicht sein könnte.

Als dann unsere Füße so langsam anfangen zu qualmen und wir Lust auf ein Picknick bekommen, erreichen wir passgenau unser Wanderziel: eine beeindruckende natürliche Poollandschaft, die zum Baden einlädt. Einfach perfekt, um die heißen Füße schön abzukühlen – mir als echter Warmschwimmerin allerdings viel zu kalt.

Offenbar ist das wohl auch der Endpunkt von einer Gruppe auf Canyoning-Tour, die als letzte Herausforderung fröhlich von einem Pool in den anderen springt und als i-Tüpfelchen noch eine natürliche Rutschpartie unternimmt. Für uns sozusagen ein Picknick mit Unterhaltungsprogramm!

Frisch gestärkt ist dann auch der Rückweg leicht zu bewältigen und ich träume schon davon, beim nächsten Neuseelandabenteuer einen der großen Walks über mehrere Tage mit meinen Jungs zu unternehmen – stelle ich mir ja megaspannend vor. Witzigerweise war das vorher noch nie eine Option für mich, also eine mehrtägige Wanderung. Aber hier in dieser Natur kann ich mir das verdammt gut und sehr aufregend vorstellen.

Zurück an unserem Wohnmobil, erfahren wir aber, dass die Wettervorhersage für die nächsten Tage Starkregen prognostiziert und das für uns bedeuten könnte, dass wir den unbefestigten Weg zurück in die Zivilisation mit unserem Camper eventuell nicht mehr befahren können. Es wäre vielleicht nicht mal das Schlechteste, hier im wahrsten Sinne des Wortes zu versacken, aber so müssen wir schweren Herzens diesen Platz, der uns allen so gut gefällt, wieder verlassen und fahren weiter Richtung Cape Farewell, dem nördlichsten Punkt der Südinsel.

Der Campground für die heutige Nacht ist denn auch eher zugig und rau, aber unsere Laune geht dadurch schon lange nicht mehr nach unten und auch hier erleben wir ganz besondere Momente. Auf den meisten Plätzen sind uns Scharen von zutraulichen und hungrigen Enten und Möwen begegnet; hier ist es diesmal ein klein wenig anders beziehungsweise um einiges größer. Als die Frühaufsteher-Familie neben uns am Frühstückstisch sitzt und geräuschvoll ihr knuspriges Müsli auf den Teller schüttet, kommen nämlich überraschend zwei Pferde um die Ecke, die versuchen, ebenfalls an dem morgendlichen Essen teilzunehmen.

Ich gestehe, dass ich – in der Campertür stehend – wirklich laut lachen musste, während ich das beobachtete, aber das verging mir dann auch relativ schnell wieder, als der große Pferdekopf mit angelegten Ohren auch bei uns mal überprüfen wollte, was es denn so Leckeres gibt.

Netterweise hat das Pferd sich mit einem Apfel, den ich in die andere Richtung geworfen habe, vom Eintreten abbringen lassen; und dann blieb unsere Tür erst mal zu. Drinnen zu frühstücken hat doch auch was für sich, war sowieso längst mal dran, ist doch eh so kalt draußen …

Als wir später zum Strand wandern, treffen wir in den natürlichen Pools am Meer eine Kindergartengruppe der hiesigen Pelzrobben. Die erwachsenen Robben sind im Meer auf Fischfang und die kleinen Jungtiere tollen völlig selbstvergessen herum und schauen uns genauso interessiert an wie wir sie – ihre riesigen Kulleraugen sind wirklich unwiderstehlich. Ich habe noch nie Robben in ihrer natürlichen Umgebung gesehen und wir freuen uns alle total darüber, dass diese entzückenden Tiere nicht eingesperrt in Zoos ihr Dasein fristen müssen, sondern ein artgerechtes freies Leben führen, sich fortpflanzen, auf Jagd gehen und ihre Babys sicher zum

Spielen zurücklassen können. Es macht totalen Spaß, ihnen dabei zuzusehen, und wir könnten locker den gesamten Tag damit verbringen. Aber wir haben ja noch ein kleines Stück Fahrt für heute vor uns, denn wir wollen noch die Pupu Springs, ganz besondere Quellen, besuchen.

Auf unseren Fahrten begegnen wir immer wieder Hitchhikern, Menschen, die per Anhalter unterwegs sind, und ich habe schon mehrfach versucht, Claus davon zu überzeugen, dass wir doch ausreichend Platz in unserem Gefährt haben, um eine Mitfahrgelegenheit anzubieten. Davon wollte er aber bislang so gar nichts hören, was wohl damit zusammenhängt, dass man in unseren Breitengraden auch echt kein gutes Gefühl mehr hat, einen unbekannten Menschen mitzunehmen. Das würde ich zu Hause auch nicht mehr tun, aber irgendwie empfinde ich die Situation hier als eine völlig andere, und nach viel Überzeugungsarbeit – vielleicht ist es aber auch dem Umstand geschuldet, dass ein hübsches junges Mädchen am Straßenrand den Daumen rausstreckt – nehmen wir doch mal jemanden mit. Witzigerweise ist Luise auch aus Deutschland. Sie erzählt uns gleich, wie locker man hier eine Zeit lang leben kann, ohne groß Ersparnisse auf den Kopf zu hauen: durch den wwooFing – World-Wide Opportunities on Organic Farms –, also die Mitarbeit auf Biobauernhöfen.

Hoffentlich hören die Jungs ihr gut zu; das wäre ja eine super Sache nach der Schule. Ob es wohl eine Altersbegrenzung dafür gibt? Ich könnte mir das auch sehr gut für Claus und mich vorstellen. Definitiv neugierig macht mich Luise aber, als sie uns von einem der Big Walks in Neuseeland erzählt, einer mehrtägigen Wandertour durch die Natur, auf der man entweder im Zelt oder ohne alles oder in kleinen Schutzhütten übernachten kann. Witzig, dass ausgerechnet ich sofort denke, dass wir das unbedingt mit den Jungs machen sollten, zu Hause bin ich ja eher für nette kleine Spaziergänge bekannt. Aber irgendetwas an diesem Land hat mich richtig verändert.

Luise verlässt uns dann wieder an einer Kreuzung, die unsere entgegengesetzten Ziele ausweist. Ist schon lustig, dass an solchen Knotenpunkten sogar Bänke für wartende Hitchhiker aufgebaut wurden – geziert mit einem Schild mit dem Anhalterdaumen.

Ich bin ja gespannt, ob wir nach dieser netten Erfahrung auch weiterhin Fremde zu uns einsteigen lassen. Allerdings ist Claus wohl immer noch nicht so richtig überzeugt und deshalb wahrscheinlich auch tief in seinem Inneren ziemlich froh, dass wir vorerst niemanden am Straßenrand erblicken. Was im Übrigen überraschend ist, denn die Quellen, die wir nun anfahren, sind definitiv ein weiteres Highlight im nördlichen Gebiet der Südinsel – und das im Besonderen für die Maori. Den Ureinwohnern Neuseelands bedeuten die Pupu Springs so viel mehr: Sie sind das Wasser des Lebens und ebenso wie *Tane Mahuta* wird ihnen eine mystische Bedeutung zugesprochen: So steht das Wasser von *Te Waikoropupu* für das Lebensblut von *Papatuanuku* und die Tränen von *Ranginui*.

Den Fakten nach gehört dieses Wasser zu den klarsten der Welt mit einer Sichtweite von dreiundsechzig Metern und einer Qualität, die über die letzten zweiundzwanzig Jahre stabil geblieben ist. Für uns ist es einfach nur eine wunderschöne, beeindruckende Landschaft mit Quellen, die von einer tatsächlich mystischen Schönheit sind und zu Recht als untergetauchter Garten Eden bezeichnet werden. Ein Must-do, wenn man sich auf der Südinsel befindet; und ich verfalle mittlerweile dem wortgewaltigen und blumigen Naturglauben der Maori – diese Natur zieht einen aber auch einfach in ihren Bann.

Unser Nachtquartier schlagen wir in Nelson (in Maori: Whakatu) auf, einer Stadt im Norden der Südinsel, die im Osten an die Region Marlborough und im Westen an die Region Tasman grenzt und direkt am Meer liegt. Sie besitzt einen wunderschönen Stadtstrand und überdies ist sie der Ort mit den meisten Sonnenstunden (circa zweitausendfünfhundert) in Neuseeland. Durch das ganzjährige milde Klima gedeihen an den umliegenden Berghängen köstlichste Weine, die man in den vielen schönen Strandcafés oder in den Restaurants der historischen Altstadt wunderbar genießen kann.

Außerdem habe ich in mehreren Reiseberichten von Travellern gelesen, dass das eine Stadt sei, in der man gut hängen bleiben könne. Na, das ist ja nix Neues für uns in Neuseeland, aber es bedarf natürlich einer subjektiven Überprüfung. Also, die Größe der Stadt ist schon mal ganz überschaubar, nicht zu winzig, aber auch nicht zu groß. Es gibt einen kleinen Flughafen und am Strand kann man superschön spazieren gehen. Auf dem kleinen Farmmarkt decken wir uns mit haufenweise Blaubeeren ein und führen eine interessante Unterhaltung mit einem Altbiker aus Deutschland, der die letzten zwanzig Jahre in Neuseeland verbracht hat und uns von seinem superrelaxten Leben hier erzählt. Reicht mir schon: Check, ja, definitiv eine weitere Option – wenn das so weitergeht, könnte es noch sehr kompliziert werden.

Aber nach anderthalb Tagen müssen wir leider wieder weiterziehen, denn aufgrund eines Erdbebens vor nicht allzu langer Zeit ist die Küstenstraße nach Christchurch nicht passierbar. Da uns vieren der Sinn nach einer Walbegegnung in Kaikoura steht, dieser Ort aber auf diesem zerstörten Abschnitt liegt und wir ihn nur über einen großen Umweg über die Inselmitte erreichen können, drängt so langsam die Zeit. Weil Wohnmobile bei Weitem behäbiger unterwegs sind als Pkw und wir weder schnell noch zu lange am Stück fahren wollen, haben wir auf dem Weg noch einen Stopp in Hanmer Springs eingeplant, einem Ort, der vom Wintersport lebt und bekannt für seine heißen Quellen ist.

Auch wenn ich noch nie dort war, aber ungefähr so stelle ich mir Aspen vor, nur dass hier alles eine Nummer kleiner und persönlicher ist und auch nicht ganz so touristisch und aufgeblasen. Daher ist Hanmer Springs auch bei Weitem nicht so teuer und mondän und die Berge sehen sowieso anders aus, aber ansonsten … absolut gleich.

Auch hier besuchen wir die heißen Quellen, die wiederum in ein Bad integriert sind, was sie auch für Kinder äußerst attraktiv macht. Es gibt nämlich mehrere Rutschen, die mit warmem Wasser gespeist werden und deren Endbecken natürlich Pools darstellen. Außerdem können wir in verschieden heißen Becken hervorragend chillen.

Auf unserem Campingplatz parkt uns gegenüber eine deutsche Familie mit einem Mädchen in Vidals Alter, sodass wir über die Kinder gleich lose ins Gespräch kommen. Wie üblich tauschen wir Fahrtziele und Tipps aus und uns wird dringend angeraten, für unsere Wal-Tour so schnell wie möglich eine Buchung vorzunehmen, denn dort sei es derzeit total überfüllt.

Können wir uns gerade gar nicht vorstellen, warum sollte es hier ein Problem geben? Aber okay, rufen wir eben an und reservieren zu einer entspannten Uhrzeit … oder auch nicht. Tatsächlich gibt es nur noch eine Warteliste, egal für welche Tour auch immer. Dennoch sind wir voller guter Hoffnung, dass wenigstens eine Reservierung funktioniert – schließlich haben wir zwei Nachnamen zur Verfügung –, und so lassen wir uns vorsichtshalber und unerlaubterweise gleich zweimal auf die Warteliste setzen. Sicher ist sicher. So klappt's dann sicherlich auch mit den Walen – wenn schon nicht mit jedem Nachbarn.

TINA GEPRÜFT

Mittel gegen Sandflies:
Was angeblich immer hilft, ist Vitamin B zu sich zu nehmen. Angeblich mögen sowohl Sandflies als auch Mücken unseren Hautgeruch dann nicht mehr.

Ich hab noch einen Wal in Kaikoura

Wir wollen es wenigstens versuchen, einen Wal im Meer zu sehen, und machen uns schon früh am Morgen auf den Weg nach Kaikoura, in der Hoffnung, dass wir irgendwie mit auf ein Boot kommen.

Normalerweise ist es nicht so schwierig, eine Tour zu buchen, da der Anbieter fünf Boote unterhält, die drei- bis viermal am Tag rausfahren und sich auf die Suche nach diesen außergewöhnlichen Geschöpfen machen. Allerdings wurde beim letzten Erdbeben in der Region nicht nur die Verbindungsstraße an der Küste nach Kaikoura auf einem Stück unbefahrbar, es hat leider auch den Hauptbootsanleger der Wal-Touren erwischt, weshalb man auf einen anderen ausweichen musste, der aber nur Platz für eines der Boote bietet.

Wir setzen voll auf unser Urlaubsglück und gehen hoffnungsvoll davon aus, dass sich andere Touristen nicht auf den großen Umweg über Hanmer Springs machen. Und auch das Wetter, das doch gerade eher frisch und ein wenig regnerisch ist, könnte manch einen davon abhalten – und unsere Chancen erhöhen. Wird schon klappen. Wir sind sogar noch rechtzeitig für die letzte Tour des Tages vor Ort, und tatsächlich wird die Warteliste geöffnet und fünf Nachrücker dürfen mit – wir jedoch leider nicht. Aber hey, wir zählen ganz fest auf die morgige erste Tour.

Wir stellen unser Wohnmobil auf einen nahe gelegenen Campground und versuchen, früh zu Bett zu gehen; die erste Tour am Morgen könnte ja bereits unsere sein. Das bedeutet zugleich, dass wir uns zum Einchecken um Viertel nach sieben am Reservierungsschalter einfinden müssen. Das ist nun so gar nicht meine Zeit und selbst die Jungs sind nicht begeistert, als wir am nächsten Morgen schon gegen sechs Uhr anfangen, den ersten Wachmachkaffee aufzubrühen. Da es draußen aber stark regnet und stürmt und es wohl, wie wir auf unsere kurze telefonische Nachfrage hin erfahren, auch sein kann, dass die gesamte Tour wegen schlechten Wetters abgesagt werden muss, lassen wir die Jungs gemütlich weiterschlafen. Vorsichtig fahren wir die kurze Strecke vom Campingplatz zum Büro der Wal-Touren und parken auf dem Stellplatz. Erst mal checken, wie und ob es überhaupt weitergeht.

Leider gar nicht, wie wir gegen sieben Uhr erfahren, der Wellengang draußen ist so hoch, dass davon abgesehen wird, die erste Tour überhaupt zu starten. Okay, da bleiben uns ja immer noch Tour zwei und drei des heutigen Tages – wie gesagt: Das wird schon.

So haben wir eben noch etwas Zeit, uns über die Pottwale, die man hier wohl mit relativer Sicherheit antrifft, zu informieren. Bis zu siebzig Jahre alt können sie werden, sie sind die größten Zahnwale und die viertgrößten Wale überhaupt. Man trifft sie hauptsächlich in Gegenden mit Unterwasserschluchten von über vierhundert Metern Tiefe an. Pottwale können nämlich über zwei Stunden lang tauchen – und das in Tiefen bis zu unglaublichen dreitausend Metern, was sie zum am tiefsten tauchenden Säugetier der Welt macht.

Und noch ein paar Superlative, die ich zumindest bisher nicht wusste: Sie haben das größte Gehirn aller lebenden Tiere, so groß wie ein Basketball, also circa siebenmal größer als unseres. Sie gelten als eines der lautesten Tiere: Bis zu zweihundertdreißig Dezibel wurden schon gemessen. Es wird vermutet, dass der Pottwal sein Sonar nicht nur dazu benutzt, um seine Beute zu orten, sondern auch, um diese zu betäuben und wohl sogar auf diese Weise zu töten – sozusagen totzuschreien. Heftig. Der Pottwal ist in ganz schön vielen Bereichen definitiv einzigartig. Das war mir vorher nicht bewusst, hoffen wir mal, dass wir auf unserer Tour auch wirklich einen zu Gesicht bekommen.

Auch für Tour zwei sieht es wettertechnisch sehr schlecht aus und letztlich fällt sogar Tour drei aus. Mist, das bedeutet, dass diejenigen, die für die heutigen Touren eine Festbuchung hatten und noch nicht abgereist sind, vor uns in der Warteschleife hängen. Realistisch, aber besonders schweren Herzens müssen wir uns eingestehen, dass es da keine Chance für uns gibt, mitgenommen zu werden, und wir lieber ganz in Ruhe unsere Rückfahrt nach Christchurch – natürlich wieder über die Mitte der Südinsel – antreten sollten. Wir unternehmen einen letzten Spaziergang am Strand, bei dem wir in nicht allzu großer Entfernung Delfine aus dem Wasser springen sehen. Und das sind nicht irgendwelche, sondern Hector-Delfine, die kleinste Delfinart – selbstverständlich endemisch, was auch sonst. Sie werden auch Maui-Delfine genannt; Maui ist eine Bezeichnung der Maori für den Gott des Meeres.

Trotzdem, eine Walbegegnung bleibt Neuseeland uns schuldig, auch wenn es bereits Tausende Gründe für eine Rückkehr für uns gibt, dieser ist ein überaus wichtiger.

Verloren, gefunden, auf Nimmerwiedersehen

Vielleicht sollte ich eine Liste anlegen, was wir auf der Reise verlegt, verloren oder auch bereits wiedergefunden haben. Leider ist da schon einiges zusammengekommen, Claus ist nämlich in diesen Dingen ein (ähm) Schusselchen. 😕

Als da wären bis jetzt: *meine Sonnenbrille.* Auch wenn Claus viele Gründe dafür findet, dass er nicht allein dafür verantwortlich ist, die Brille im Netz vor seinem Sitz auf einem unserer Flüge vergessen zu haben. Unterm Strich bleibt meine Sonnenbrille auch nach einem Anruf bei der Fluggesellschaft auf ewig verschollen.

Vidals Schlafsack. Der ist immer noch sehr beliebt beim allnächtlichen Gebrauch, da er Nebenschläfer davor schützt, vom unruhig schlafenden Vidal getreten zu werden. Claus konnte den Schlafsack allerdings auf dem Weg zur Autoabgabe im Club Fidschi Resort, in dem wir zuerst übernachtet hatten, zwei Tage später wieder einsammeln. Wir hatten ihn im Bett vergessen – Check.

Claus' Handy. Ein absoluter Schreckmoment auf Fidschi, der sich über einen ganzen Abend hinzog und uns dazu brachte, die halbe Nacht mit Taschenlampe das Resort abzulaufen, Verdächtigungen gegen nicht ganz so nette Kellner auszusprechen und Passwörter zur Sicherung persönlicher Daten zu ändern. Am nächsten Morgen fand Claus es glücklicherweise in der Nähe der Rezeption im Gras wieder, wo es ihm wohl am Abend zuvor aus der Hosentasche gerutscht war. Check!

Aber es gibt ja nicht nur den Umstand, dass Dinge verschwinden, wiederauftauchen oder für immer verlustig gehen, manchmal passiert es auch, dass man sich gern von Ballast trennt – dieser aber wieder zurückfindet. So geschehen, als Claus aus jobtechnischen Gründen für genau fünf Tage von Miami gen Europa entschwand, wohl wissend, dass er in London seinen lieben Freund Guido nebst Familie bei einem längeren Umsteigeaufenthalt treffen würde. Perfekt, ich warf also gleich mal fünf völlig sinnlos und zu viel eingepackte Bücher in eine Tasche, die wir wegen einer Beschädigung sowieso nicht weiter mitnehmen wollten, und wir vereinbarten, dass Claus diese Tasche Guido mit der Bitte übergeben sollte, sie bei seinem nächsten Besuch bei uns mitzubringen. In der Theorie sinnvoll – und auch ganz einfach.

Praktisch war Claus dummerweise von den Zeugnissen der beiden Töchter, die er sich vor Ort ansehen durfte – die Zeugnisse, nicht die Mädchen, also die natürlich auch –, so abgelenkt (das war tatsächlich seine Begründung!), dass er die schwere Tasche … na, Sie ahnen es? … natürlich den ganzen Weg wieder mitgebracht hat.

Netterweise haben dann aber Freunde von Claus, die wir noch in Miami trafen, ebendiese Bücher plus nicht mehr benötigte Rucksäcke und Taschen an sich genommen und nach Deutschland verschickt. Zu Claus' Ehrenrettung muss ich aber auch sagen, dass ich niemanden kenne, der so viel findet.

Während dieser Reise waren das: ein kleiner Ball und eine Spielzeugpistole mit Munition in San Francisco, eine Lesebrille im Etui (zufällig sogar in unserer Stärke im Straßengraben in Neuseeland), ein kleiner Lederball in Auckland, ein aufblasbarer Wasserball in Murchison, ein Gummiball in Nelson am Strand, ein Anhänger für eine Kette und ein Paar fast neuer Turnschuhe in Jahvis' Größe.

Und, und das ist echt unglaublich, in jedem Land Geld. Wirklich wahr, sogar in Ho-Chi-Minh-Stadt, wo es gar kein Münzgeld gibt und ich davon ausgegangen war, dass wir das erste Land betreten, in dem Claus kein Geld auf der Straße finden kann, wurde ich eines Besseren belehrt. Tatsächlich spürte er einen Geldschein an einer stark befahrenen Straße auf.

Wer anderen eine Grube gräbt, pinkelt selbst hinein

In Christchurch verabschieden wir uns von unserem Camper und ich muss zugeben: Wir sind doch noch Freunde geworden. Ich habe es sogar zeitweise als so angenehm empfunden, auf diese Art zu reisen, dass ich angefangen habe, unser ganz eigenes Mobil auf Papier zu designen – natürlich so, dass wir seeehr lange damit unterwegs sein könnten.

Für unsere letzten Tage auf der Nordinsel werden wir kein Wohnmobil mehr brauchen, sondern auf ein Mietauto zurückgreifen – diesmal allerdings einen Siebensitzer, denn wir werden Mariella und unseren Neffen Max auf Coromandel treffen. Das ist wirklich ein toller Zufall, die beiden befinden sich auf einer Reise durch Australien und Neuseeland und unsere Routen und Zeiten überschneiden sich witzigerweise genau auf dieser Halbinsel. Natürlich wollen wir ein paar Tage zusammen verbringen, ist doch schon verrückt, dass wir einem Teil unserer kölschen Familie auf der anderen Seite der Welt begegnen.

Gemeinsam möchten wir auf jeden Fall an den bekannten Hot Water Beach fahren. Dort leiht man sich keinen Sonnenschirm aus, sondern mietet sich am Parkplatz gegen eine Gebühr eine Schaufel. Im Bereich der unterirdischen heißen Strömungen angekommen, kann man sich dann eine eigene Grube graben, die sich mit lauwarmem bis heißem Wasser füllt – je nachdem wie nahe man dem austretenden Thermalwasser kommt. Etwa zwei Kilometer unter der Erdoberfläche befinden sich hundertsiebzig Grad Celsius heiße Gesteinsschichten, die Reste vulkanischer Aktivitäten von vor fünf bis neun Millionen Jahren sind und das Wasser erwärmen.

Alternativ kann man aber auch bereits bestehende kleine Pools nutzen, deren Bauherren bereits weitergezogen sind. Allerdings verzichten wir da besser drauf; zu wahrscheinlich erscheint mir die Möglichkeit, dass das Wasser nicht nur vulkanisch erhitzt wurde. Ist aber auch viel lustiger, sich eine eigene Grube zu schaufeln, um dann genüsslich zu sechst darin zu hocken. Wenn's doch zu warm wird, kann selbst ich es total genießen, mich in die kalten Wellen des Meeres zu werfen. Im Übrigen kann man nur buddeln, wenn gerade Ebbe herrscht.

Auch die Region Coromandel hat es uns total angetan. Auf unseren ziellosen Fahrten können wir uns kaum entscheiden, welcher Ausblick spektakulärer, welcher Strand einsamer und feinsandiger ist. Aber leider müssen wir uns nach viel zu kurzen drei Tagen wieder von Max und Mariella verabschieden und zurück nach Auckland fahren, wo es nach einer kurzen Nacht weiter nach Hongkong gehen wird. Leider bleibt uns viel zu wenig Zeit, Auckland angemessen zu würdigen. Wir schaffen es einzig und allein auf den Sky Tower und genießen es, in luftigen 220 Metern Höhe auf einer durchsichtigen Glasscheibe zu stehen, die einen grandiosen Ausblick über diese schöne Stadt ermöglicht. (Das hat übrigens auch ordentlich Überwindung gekostet!) Der Aussichts- und Fernmeldeturm ist mit seinen 328 Metern außerdem der höchste Fernsehturm der südlichen Hemisphäre.

Dann heißt es jetzt wohl traurigerweise endgültig: Haere ra, Aotearoa! (Auf Wiedersehen, Neuseeland) – zumindest für dieses Mal.

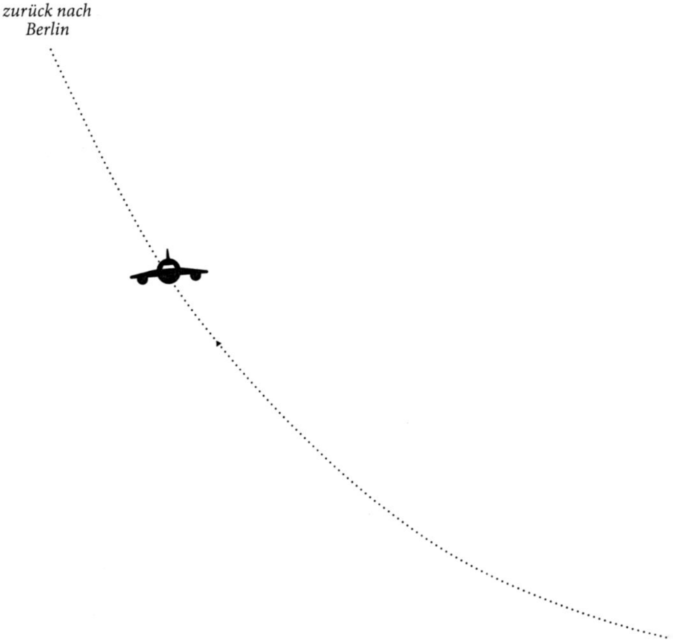
zurück nach
Berlin

Asien

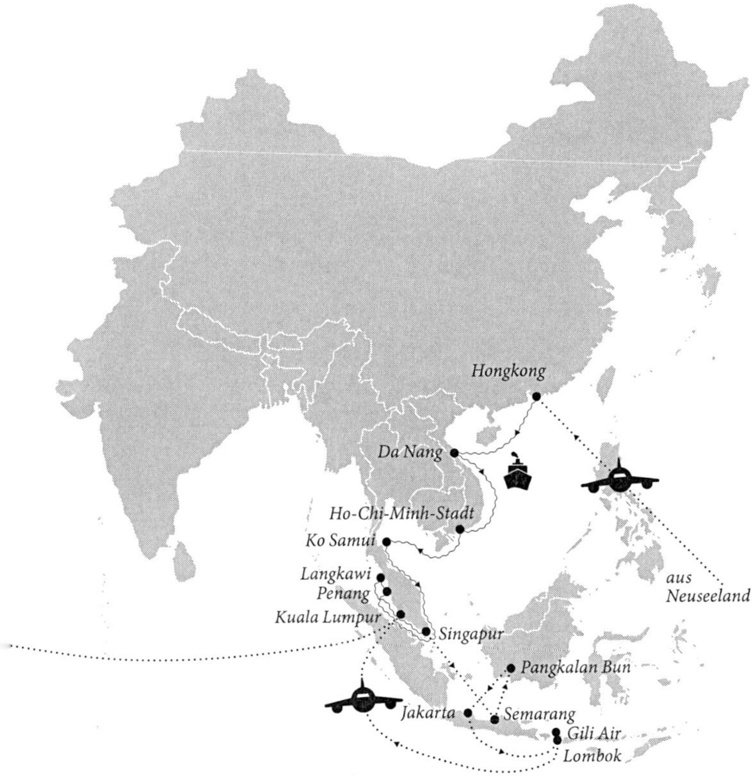
Hongkong
Da Nang
Ho-Chi-Minh-Stadt
Ko Samui
Langkawi
Penang
Kuala Lumpur
Singapur
aus
Neuseeland
Pangkalan Bun
Jakarta
Semarang
Gili Air
Lombok

Die unsichtbare Frau

Es stellte sich als ganz schön schwer heraus, Neuseeland zu verlassen; viel zu gut haben uns dieses Land, seine Natur und die Menschen gefallen. Wäre es spontan möglich gewesen, dann wären wir wohl unserem Bauchgefühl gefolgt und jetzt Neuseeländer. Aber tatsächlich spricht unser Alter dagegen – Neuseeland hat eine Altersbegrenzung für Einwanderer. Man kann diese zwar umgehen, wenn man einen entsprechenden Kontostand aufweist, aber man muss auch bereit sein, den zu investieren. Das ist für uns gerade schon vorstellbar, aber aufgrund fehlenden Kapitals nicht realisierbar.

Also ziehen wir weiter, was konkret bedeutet, dass wir uns auf den Weg nach Hongkong machen, wo wir einige Tage später auf die MS Europa 2 treffen werden, auf der ich engagiert bin, um Lesungen zu halten. Auf dem langen Flug dorthin schauen wir im Bordprogramm den Dokumentarfilm »Before the Flood«, den Leonardo DiCaprio über einen Zeitraum von zwei Jahren auf der ganzen Welt gedreht hat, um die katastrophale Situation, in der sich unser Heimatplanet befindet, zu dokumentieren und mit Politikern und Wirtschaftsbossen darüber zu sprechen. Immerhin schafft DiCaprio es durch seinen Status, sich auch Gehör zu verschaffen.

Ich höre und schaue nicht nur schockiert zu, ich bin so berührt von diesem beängstigenden Szenario, unserem Istzustand, dass ich immer wieder schwer schlucken muss, um nicht gleich im Flieger laut loszuheulen. Wir nehmen uns vor, diesen Film unseren Freunden, Kindern und deren Schulklassen ans Herz zu legen, um im besten Fall Gespräche und ein Umdenken im Handeln hervorzurufen. Vielleicht können wir so zumindest dazu beitragen, die Katastrophe, auf die wir zusteuern, doch noch abzuwenden.

Kritisch muss ich mir natürlich auch die Frage stellen, ob es überhaupt noch vertretbar ist, zu reisen. Aber ist dies nicht auch eine Chance, unseren Kindern die Schönheit der Welt nahezubringen, sie aber auch gleichzeitig auf Probleme und Missstände aufmerksam zu machen, in der großen Hoffnung, dass sie bewusster agieren, vielleicht sogar unsere Welt retten? Ein großes Wort und Vorhaben, aber wenn man daran glaubt und den ersten Schritt (und viele weitere) macht, kann man echt was bewirken.

Dieser Glaube wird aber sofort nach unserer Ankunft in Hongkong auf eine harte Probe gestellt, als wir gemeinsam mit einem einzigen anderen Mitfahrer im Bus zu unserem Hotel fahren. Dieser Mann – ein Amerikaner, wie sich herausstellt – schwadroniert darüber, dass Amerika ja ganz weit vorne läge, was den Umweltschutz anginge. Das sähe man ja schon daran, wie sauber es in Amerika im Gegensatz zu China wäre. Und man würde Strom doch aus der sauberen Atomenergie beziehen. Also alles super und Amerika ist praktisch ein Synonym für Klimarettung. Puh, harter Tobak, und das nicht mal von einem ungebildeten Menschen, unglaublich. Das wird harte Arbeit mit der Weltrettung.

Nach der Stille und bombastischen Natur Neuseelands tauchen wir nun also ein in das krasseste Gegenteil, das überhaupt möglich ist: die pulsierende Weltmetropole Hongkong, eine riesige, stetig wachsende und niemals ruhende Stadt. Menschenmassen bewegen sich über Straßen, die teilweise thematisch gegliedert sind. So laufen wir in dieser Betonwüste durch ein Meer aus Blumen, als wir durch eine Straße gehen, in der ausschließlich Blumenhändler ihre Geschäfte betreiben. Zwei Blocks weiter werden Tiere verkauft, untergliedert in Hunde- und Katzenbabys, Fische und alles, was man sonst noch zu Hause halten könnte. Ziemlich unverständlich, wie und warum man sich in solch einer Stadt, mit winzigen Wohnungen, ewiger Hektik und kaum Natur, einen Hund anschaffen sollte? Aber es scheint eine Nachfrage zu geben, sonst gäbe es das Angebot ja erst gar nicht. Auf der Straße entdecken wir auch ein mal ein Meter große Kisten, die als Hundeklos ausgeschildert sind.

Staunend betrachten wir nur aus Bambus erbaute Hochhausgerüste, schrecken angeekelt vor eigenartig angerichteten Tierstücken zum Essen zurück und stellen irritiert fest, dass wir uns in dieser Stadt, die so voller Menschen ist, wie völlig vereinsamte Lebewesen fühlen. Niemand scheint uns wahrzunehmen, alle hasten nur betriebsam vorbei, Augenkontakt findet nicht statt. Ich empfinde mich als eine unsichtbare Frau, komplett verloren in diesem Wust von Massen. Das alles hat was von Ameisenstraßen – geschäftig, rasend und echt viele unterwegs. Allerdings glaube ich, dass selbst Ameisen ihre entgegenkommenden Artgenossen mehr wahrnehmen, als es die Menschen hier tun. Die Spitze der Unkommunikation finden wir in Restaurants. Einmal beobachteten wir tatsächlich sechs Leute an einem Tisch, die sich überhaupt nicht mehr miteinander unterhielten, sondern ausschließlich mit ihrem Handy und ihrem virtuellen Leben beschäftigt waren.

Natürlich ist das nicht alles, was wir als Eindruck aus Hongkong mitnehmen, denn selbstverständlich gibt es auch hier Momente, die etwas verändern, kleine Gesten, die uns sichtbar werden lassen. Mein Bestreben, ein bis zwei chinesische Wörter zu lernen und anzuwenden, war leider bei einem Wort bereits erschöpft, aber mein Danke (xie xie), das ich beim Abholen unserer Wäsche an der Angestellten ausprobiert habe, hat ein zartes Lächeln auf ihr Gesicht gezaubert. Vor allem aber hat sie mich *gesehen*.

Als wir zwei Tage später erneut Wäsche zu ihr brachten, hat sie uns wiedererkannt und fröhlich mit einer anderen Mitarbeiterin über uns gesprochen. Zumindest gehe ich davon aus, dass es mit uns zu tun hatte, da dieses chinesische Danke herauszuhören war und von einem Kopfnicken in unsere Richtung begleitet wurde. Beide haben dabei gekichert – na, geht doch! (Es wäre natürlich auch möglich, dass sie sich voll über mich lustig gemacht haben, weil ich durch falsche Betonung etwas völlig anderes gesagt habe, à la: »Ich hätt gern 'ne Flasche Pommes frites«, aber das wollen wir mal nicht annehmen.)

Ich selbst hatte aber auch noch einen echten Lachflash wegen unserer Wäsche. Denn als ich die gut riechenden und ordentlich gefalteten Kleidungsstücke dem jeweiligen Träger in die Hand drücken wollte, bemerkte Claus relativ entsetzt, dass das gar nicht seine Unterhose war – definitiv nicht. Voll eklig, den Slip eines fremden Mannes in seinen Sachen zu finden; noch 'ne Runde widerlicher, wenn man sich ausmalt, dass der auch noch mit unserer gesamten Wäsche zusammen gewaschen worden ist. Bäh und pfui Teufel und so weiter, schimpfte Claus vor sich hin. Er besäße nicht eine Hose dieser Marke. Ganz sicher! Die kenne er doch noch nicht mal!

Da kann ich ihm tatsächlich nur zustimmen, ist eine nicht ganz so schöne Vorstellung, und »Mot Roliat« kenne ich auch nicht, vielleicht was Asiatisches? Wobei, wenn ich mir die Unterbuxe genauer anschaue und auf rechts – also richtig rum – drehe, dann wird aus »Mot Roliat« »Tom Tailor«, eine durchaus gängige Marke auch bei Claus. So wird dann wohl ein Schuh beziehungsweise eine Unterhose draus, also eine von seinen.

Zurück zum Sichtbarsein: Auch die Menschen in Hongkong scheinen mindestens an einem Tag der Woche das Bedürfnis nach Freizeit zu haben, was ein bisschen an unsere sonntäglichen Picknickvergnügungen erinnert. Nur sind grüne Freiflächen, auf denen man seine Decke ausbreiten könnte, Mangelware, und deshalb nutzt man hier die Fußgängerüberführungen zum na ja so halbwegs gemütlichen Get-together. Rechts und links der Brüstung ist ein »Picknickplatz« neben dem anderen auf dem Asphalt und in der Mitte wird ein schmaler Durchgang für die Fußgänger gelassen. Es gibt eben immer eine Lösung.

Auch wenn Hongkong mein Herz nicht erreicht, entdecke ich doch einiges, was ich mir auch bei uns in Deutschland wünschen würde. So ist öffentliches Rauchen bei einer Strafe von bis zu fünftausend Hongkong-Dollar verboten – sorry, liebe Raucher – und es gibt Hinweisschilder, dass man doch, um eine ruhige Umgebung zu gewährleisten, seine Stimme bitte senken möge. Das passt doch gut zum neuseeländischen Nachklang in meinem Herzen und dem Bedürfnis, in die Ruhe und Natur zurückzukehren. Gar nicht dazu passt, dass wir hier eigentlich nur ein paar Extra-Tage, bevor wir aufs Schiff gehen, verbringen wollen, um uns schick einzukleiden, denn unsere mitgenommene Montur ist so gar nicht für die luxuriöse Umgebung geeignet, die uns übermorgen erwartet. Der Kopf sagt Ja und Juchhu zum »Pflichteinkauf«, das Herz verschließt sich aber vor dem ganzen materiellen Wahn. Und wenn diese beiden so gar nicht im Einklang miteinander sind, dann klappt's auch nicht mit dem Einkauf, zumindest nur sehr holprig.

Von Hongkong aus senden wir auch direkt mindestens ein Drittel unseres Startreisegepäcks nach Hause – brauchen wir alles nicht und ist für unseren weiteren Weg nach dem Schiff nur Ballast. Das Versenden funktioniert über das Hotel, in dem wir wohnen, extrem gut und unkompliziert und ist tatsächlich auch preiswert. Hoffen wir mal, dass alles auch wirklich zu Hause ankommt …

Was für eine schnelle Stadt; hier scheint alles zack, zack abzulaufen, selbst kurze Pausen werden effizient genutzt. Im Angebot der Hotels sind Zimmer ab einer halben Stunde buchbar – übrigens nicht, wie man jetzt vermuten könnte, für Aktivitäten, die man bei uns mit Stundenhotels verbindet, hier geht es um ganz originären Ein- und nicht ordinären Beischlaf.

Jahvis hat ein paar kurze Zeilen zu Hongkong auf eine Strophe des Liedes »Seasons in the Sun« getextet:

Wenn ich zurückdenk an das Jahr,
als ich zum ersten Mal in Hongkong war.
Der Himmel, der war strahlend blau,
doch das interessierte keine Sau,
und die Chinesen machten's grau.
Jetzt ist dort überall Zigarettenrauch,
und viel Müll liegt da natürlich auch.
Menschen sind es viel zu viel,
ich komm mir vor wie im falschen Spiel,
das ich nicht mitspielen will.
But: We had joy, we had fun
we had seasons in the sun
but the hills that we climbed
were just seasons out of time.

HAi-HEELS-ALARM

Hongkong mit all seinen kleinen und großen Absurditäten lassen wir heute hinter uns, indem wir uns an Bord des »besten Kreuzfahrtschiffs der Welt« begeben. Ich werde während der zweiwöchigen Reise Lesungen halten und hoffentlich viele Passagiere unterhalten. Aber vorm Unterhalten steht erst mal die Einschiffung auf dem Plan. Wir haben uns alle richtig schick gemacht – so von wegen: *You never get a second chance to make a first impression* – und fühlen uns so ausstaffiert richtig verkleidet, sind wir doch in unserem Weltreisemodus – *was zählt schon der äußere Eindruck* – komplett aufgegangen. Aber man ist ja gern flexibel, wenn es denn eine kurze, äußerst luxuriöse Unterbrechung auf dem einzigen Fünfsterne-plus-Schiff der Welt geben soll.

Die erste Hürde stellt sich allerdings bereits auf festem Boden; wir haben weder Tickets noch Bordkarten oder sonst irgendetwas dabei, was uns eine reibungslose Einschiffung garantieren könnte. Aber freundliche Mitarbeiter glauben uns, dass wir bereits unter Vorlage unserer Pässe an Bord dürfen, entweder weil wir trotz aller äußerlichen Bemühungen nicht so ganz ins Bild des MS-Europa-Kreuzfahrers passen – und somit nur Teil der erwarteten Künstler sein können – oder weil wir die vier letzten Gäste sind, die noch nicht an Bord erschienen sind.

Das ist echt mal ein Bötchen; ich war ja schon auf ein paar anderen Schiffen unterwegs, aber dieses toppt sie alle noch mal in Sachen stilsicherem Luxus. Tatsächlich eine andere Dimension, selbst die Jungs schweben bereits im Informationsbereich in den glücklichsten Sphären. Das könnte allerdings auch daran liegen, dass hier alle Stehtische mit NicNac's eingedeckt sind – oder jetzt *waren*.

Das wird jetzt definitiv das komplette Kontrastprogramm zu unserer bisherigen Reise. Unsere Kabine ist selbst zu viert noch gemütlich, ohne dass wir uns stapeln müssen. Das Highlight ist aber unser ganz privater Balkon, der sogar breit genug ist, um ein Bett draufzustellen – das haben wir tatsächlich ausprobiert. Ist allerdings des Nachts nur bedingt zu empfehlen, da vom Meer so viel Feuchtigkeit hochsteigt, dass es ganz schön klamm wird und nicht ganz so gemütlich ist, wie wir anfangs dachten. Aber tagsüber ist dieser Ort der Hammer, wir liegen oder sitzen bequem und unbeobachtet und lassen die Welt an uns vorüberziehen. Äußerst chillig.

Der einzige Nachteil auf diesem Schiff ist der Freizeitstress, dem man kaum entkommen kann. Echte Luxusprobleme eben. Ein ganz normaler Tag auf See sieht so aus: Ein Frühstück, das so reichhaltig ist, dass man eigentlich bereits für den ganzen Tag satt ist, erwartet uns am Morgen – wahlweise auch draußen an Deck in der aufgehenden Sonne einzunehmen. Wie bei allen Speiseangeboten zu welcher Tageszeit auch immer lautet das Motto: Geht nicht, gibt's nicht. Ich fange lieber erst gar nicht damit an, aufzuzählen, welche kulinarischen Köstlichkeiten aufgetischt werden, ich sage nur mal als Stichwort: selbst gemachtes schwarzes Vanilleeis.

Da das Frühstück bereits so reichhaltig und gemütlich ist, vergeht die Zeit ganz schön schnell, und wenn man vorhat, an einem der vielen Freizeitangebote teilzunehmen, muss man sich sputen, sonst kommt man womöglich zu spät zur Trainingseinheit *Boxen mit Weltmeistern*, die Jahvis und ich uns natürlich nicht entgehen lassen wollen. Ich, weil meine Freundin und Rekordweltmeisterin im Profiboxen, Regina Halmich, den Unterricht zusammen mit dem ebenfalls ehemaligen Weltmeister Sven Ottke leitet, und Jahvis, weil er auch diesen Sport mal ausprobieren will und die Vorstellung, gegen Weltmeister geboxt zu haben, natürlich sehr reizvoll für ihn ist. Blöd nur, dass ich auch eine kurze, sehr kurze Einheit gegen Sven absolvieren muss

und ein für ihn wahrscheinlich kleiner Schubser mir ein empörtes »Au« entweichen lässt. Das hat echt wehgetan und, ja, ich dusche warm bis heiß!

Die ganze Fitnessnummer beim Boxen ist ja echt super, aber das mit dem Hauen ist dann wohl doch nicht meins. Außerdem ziele ich auch wirklich schlecht, zumindest fällt es mir schwer, die Schläge dort zu platzieren, wo sie hinsollen. Aber das Ausprobieren einer neuen Sportart hat sich definitiv gelohnt und hilft auch dabei, das anschließende Mittagessen – blabla, lecker und reichhaltig, Sie wissen schon – noch mehr zu genießen, denn man hat ja gerade ordentlich geschwitzt. Das individuelle Nachmittagsprogramm kann dann ebenfalls prall mit Lesungen, Vorträgen, Sport, Saunagängen, musikalischen Intermezzi, Kochkursen mit Ernährungskunde und vielem mehr gefüllt werden. Oder einfach mit Chillen, aber dafür ist im Grunde fast keine Zeit. So was aber auch.

Zwischendrin muss man sich ja auch ständig umziehen: Essen in salopper Garderobe über schick bis hin zu aufgetakelt mit High Heels, auf denen es mir tatsächlich ganz schön schwerfällt zu laufen, obwohl ich immer voller Stolz behauptet habe, dass ich in diesen schwindelerregenden Höhen sogar rennen könne. Diesmal schüttelt's mich ganz schön durch – so schnell ist es ungewohnt geworden. Unsere Kinder bekommen wir kaum noch zu Gesicht, denn auch ihr Tag ist mit verschiedensten Aktivitäten angereichert, sofern sie sich uns nicht anschließen wollen. Nicht mal beim Essen müssen sie sich unseren Blicken unterwerfen; es gibt, wenn gewünscht, zusätzlich betreute Essenszeiten für sie. Richtig stressig wird's dann, sobald wir die verschiedenen Häfen der Tour anlaufen, denn auch wenn die Landgänge oft nur kurz sind, wollen wir doch wenigstens versuchen, einen ersten Einblick in die jeweilige Stadt zu erhaschen.

Nachdem wir den Hafen Hongkongs in der untergehenden Sonne hinter uns gelassen haben, steuern wir in Richtung Da Nang in Vietnam als ersten Stopp. Vor Ort entscheiden unsere Kinder, dass sie die vielen Angebote, die das Schiff ihnen bietet, nicht schon wieder gegen einen Marsch mit uns durch eine asiatische Großstadt eintauschen möchten, und wir sind in der äußerst selten gewordenen Situation, dass wir nur zu zweit eine Stadt erkunden.

Nach einer kurzen Pinkelpause verweilen wir in einem Straßencafé, um auch gleich die neuerliche Flüssigkeitsaufnahme zu gewährleisten. Als ich Claus frage, ob das noch vom Spülen leitungswasserfeuchte Glas gesundheitsgefährdend sein könnte, weist er mich ganz eloquent darauf hin, dass ich auf keinen Fall irgendwas mit Eiswürfeln trinken solle. Danke, das war mir auch klar, hatte ja auch ohne bestellt. Ich frage mich nur, warum Claus dann genüsslich seinen Eiskaffee – wie der Name schon sagt, mit Eis drin – bereits fast ausgetrunken hat? Macht nur bedingt Sinn, also zumindest in meiner Welt. Aber hoffen wir mal, dass er und somit wir alle Glück haben und ihm nichts Durchfallendes widerfährt.

Letztlich haben wir die Stunden des Landgangs bis zum absoluten Maximum ausgeschöpft, viel entdeckt, dunkelste Gassen durchlaufen und ordentlich Kilometer abgerissen. Gut für die Jungs, dass sie hier passen konnten.

Im nächsten Hafen sind jedoch auch die beiden mit von der Partie, immerhin laufen wir Ho-Chi-Minh-Stadt, das frühere Saigon, an und es wäre doch schade, wenn sie ihre Füße nicht wenigstens einmal auf vietnamesischen Boden gesetzt hätten. Wir starten unsere ganz eigene Stadterkundung an einem der Wahrzeichen der Stadt: der noch aus der französischen Kolonialzeit stammenden Notre-Dame-Basilika. Diese besteht ausschließlich aus Materialien, die aus Frankreich importiert wurden. Von hier aus lassen wir uns treiben und versuchen dabei, heil die Straßen zu überqueren. Das stellt sich als schwieriger heraus als gedacht, da wir, selbst wenn die Fußgängerampel auf Grün steht, dauernd

Gefahr laufen, von einem Auto oder einem der Tausenden Mopeds erfasst zu werden. Scheinbar teilen die Vietnamesen unser Verständnis von Ampelsignalen und Verkehrsregeln nicht. Als wir an einer besonders geschäftigen Kreuzung auf den Überquerungsslot warten, können wir allein in diesen paar Minuten drei Unfälle – alle glücklicherweise mit glimpflichem Ausgang – beobachten. Allerdings scheint das keinen der Unfallbeteiligten sonderlich zu tangieren: aufstehen, Staub abklopfen, checken, ob noch alles geht, weiterfahren. Strange.

Zum Tagesausklang beschließen wir, uns die Stadt in der untergehenden Sonne von oben anzuschauen, und fahren auf den 265,50 Meter hohen Bitexco Financial Tower, von dessen Aussichtsplattform wir einen traumhaften Rundumblick auf die tatsächlichen Ausmaße der Stadt haben. Aber auch dieser Landgang ist wieder viel zu schnell an seinem Ende angelangt, und das Schiff zu verpassen, wäre echt dramatisch, also weiter geht's auf unserem Weg Richtung Singapur als finalem Zielhafen.

Die Tour führt uns durch die Straße von Malakka, einer der meistbefahrenen Wasserstraßen der Welt. Diese verbindet die Andamanensee mit der Straße von Singapur, dem Südchinesischen Meer und der Karimata-Straße und ist fürchterlich verschmutzt. Öllachen wechseln sich mit leider omnipräsentem Plastikmüll ab und dazwischen können wir Millionen von Quallen unterschiedlichster Größe ausmachen. Hat mehr was von einem Abwasserkanal als von meiner Vorstellung von einem Meer. Das ist einfach nur traurig, dramatisch und auch entsetzlich frustrierend. Aber wir werden uns nicht entmutigen lassen, etwas ändern zu wollen. Wir laufen als nächste Insel Ko Samui im Golf von Thailand an und buchen dort unsere Anschlussflüge nach Semarang (Indonesien) und Pangkalan Bun (Kalimantan/indonesischer Teil von Borneo) auf einer Bank vor einem Massagesalon. Dem Internet sei Dank.

Die Geister, die ich nie rief

Aber noch ist es nicht so weit, wir werden noch die Häfen von Penang und Langkawi (Malaysia) ansteuern. Übrigens beides Inseln, auf denen Jahvis und ich im Rahmen von Dreharbeiten zum »Traumhotel« schon vor einigen Jahren Zeit verbracht haben. Auf Langkawi hat Jahvis auch schwimmen gelernt. Schöne Erinnerungen sind das, seine ersten Schritte allein machte er im Oman am Strand, natürlich bevor wir ans Schwimmenlernen gegangen sind.

Was mir aus der Zeit auf den beiden Inseln auch noch bleibend im Kopf geblieben ist, sind übernatürliche Erlebnisse, die im Übrigen nicht nur ich hatte, falls jetzt dahin gehend Stimmen laut werden sollten, dass das ja wohl alles Humbug sei. Nein, wirklich, auf Langkawi hatten wir im Hotel übernatürliche Vorkommnisse: sich bewegende Schatten an der Decke, obwohl sich niemand von der Stelle rührte, plötzlich schwankende Spiegel und noch so ein paar andere nicht mit Logik zu erklärende Phänomene. Wer mir jetzt beginnende Störungen unterstellen möchte, okay, aber auch die Einheimischen glauben daran. Wie sonst lassen sich Geistermuseen auf Penang und Verbotsschilder für Geister an einigen Geschäften erklären? Jawohl! Oder anders: Quod erat demonstrandum 😛

Nicht über-, sondern supernatürlich ist gerade mein inneres und nach außen dokumentiertes Ich. Wenn es mich vor dieser Reise noch Überwindung gekostet hat, ohne schützendes Make-up aus dem Haus zu gehen – geschweige denn mich öffentlich zu präsentieren –, so erscheint es mir jetzt völlig falsch, mein Gesicht zuzukleistern. Zum einen, weil ich gar nicht das Bedürfnis habe, mich in irgendeiner Form zu verkleiden oder zu verstecken, und zum anderen – und das fühlt sich scheiße gut an – gefalle ich mir so, wie ich bin. Also laufe ich auch ganz pur rum. Wem das nicht zusagen sollte, der kann seine Meinung gern für sich behalten oder einfach woandershin gucken. Allerdings glaube ich, dass man in glücklichem Zustand so viel ausstrahlt, dass das Anmalen überhaupt nicht nötig ist. Ein echt gutes Gefühl, so ganz »nackt«.

In unsere Zeit auf dem Schiff fällt – ups, schon wieder – Ostern; mal sehen, ob sich die Jungs von einem zweiten Fest innerhalb weniger Wochen irritieren lassen. Anstelle von erneuten Geschenken dürfen sie uns aber zu ihrem ersten Konzert begleiten. Gentleman, der auch mit Kind und Kegel auf dem Schiff ist, gibt im bordeigenen Theater eine schöne Auswahl seiner Lieder zum Besten, während er davon erzählt, dass er gerade aus Südafrika kommt und einen ordentlichen Kulturschock hat. Er versucht auch, uns alle dafür zu sensibilisieren, dass die Firma Nestlé daran gehindert werden muss, die Wasserzugänge in Afrika zu privatisieren. Ganz ehrlich? – »Nestlé, ihr geht gar nicht!«

FUN CITY

Singapur, ein Stadtstaat, den ich noch nicht kenne, ist auch der Endpunkt unseres Luxusausflugs auf der MS Europa 2. Das heißt für uns, dass wir nicht nur Abschied vom Schiff und seinem Ambiente, sondern auch von guten Freunden nehmen müssen, die jetzt wieder ihre Heimreise nach Deutschland antreten. Regina ist sogar so nett, unsere Zwanzig-Kilo-Ziehtasche mit all der Kleidung, die wir auf unserer Weiterreise definitiv nicht mehr brauchen, mit in die heimischen Gefilde zu nehmen.

Wir verlassen unsere Kabine und ziehen in das vermeintlich komplette Gegenteil um, in ein Boutique Hostel in Chinatown. Aber weit gefehlt, unser Familienzimmer mit zwei riesigen Doppelbetten, Dusche und Toilette ist echt groß und funktional und die hosteleigene Waschmaschine superpraktisch. Nur das immer hell erleuchtete *Exit*-Schild über unserem Zimmerausgang stört nachts ein wenig. Aber im ordentlichen Singapur muss das wohl so sein, auch wenn es sowieso keinen anderen Ausgang gäbe.

Selbstverständlich verschaffen wir uns wie üblich einen ersten Eindruck von der Stadt, diesmal per Hop-on-/Hop-off-Bus – das ist echt das Beste, was man in der Fremde machen kann. Wir sehen gleich mehr Orte auf einmal, die wir gern genauer inspizieren möchten, als wir realistisch während unseres Aufenthalts bewältigen können. Einen besuchen wir gleich am nächsten Tag: Wir fahren mit einer Seilbahn über den Hafen der Stadt auf das vorgelagerte Eiland Sentosa, offenbar eine komplette Spaßinsel. Auf diesem echt großen Areal kann man verschiedene Punkte wiederum mit einer Seilbahn oder einem Sessellift erreichen.

Zu Beginn steigen wir an dem einen Ende der Insel aus und nehmen in einem der vielen Beachklubs eine mittägliche Stärkung ein. Dabei bestaunen wir künstliche Wellen und verschiedene Strandangebote und entschließen uns, endlich die noch für Vidal und mich ausstehende Zipline-Fahrt anzutreten, immerhin gibt es hier eine echt lange Strecke zum Runtersausen. Wir starten über den Baumwipfeln in fünfundsiebzig Metern Höhe, was mich doch einiges an Überwindung kostet, aber ich habe mich im Nachhinein so über mich selbst geärgert, dass ich auf den Fidschi-Inseln gekniffen habe, dass ich jetzt, wenngleich mit mulmigem Gefühl, auf keinen Fall einen Rückzieher machen will. Die vierhundertfünfzig Meter lange Strecke und die Maximalgeschwindigkeit von sechzig Stundenkilometern flößen mir keine Angst ein, lediglich die Höhe, in der wir hängen und starten sollen. Vidal ist zudem vorn an mich drangeschnallt. Aber meinen Startschrei hört ja eh keiner außer uns, und selbst wenn, wird er sicher als freudiger Juchzer interpretiert – ganz bestimmt. Ich muss zugeben, es macht voll Spaß, nur gut, dass wir zwei uns gemeinsam getraut haben.

Sentosa ist ein wirklich großer Spaßfreizeitpark und wir schaffen es an einem viel zu kurzen Tag nicht einmal, alle Angebote zu sehen, geschweige denn auszuprobieren. Aber zumindest das Seifenkistenrennen, das hier »The Luge« heißt, lassen wir uns nicht entgehen; allerdings schon im Dunkeln, was den Spaß aber null trübt. Das einzig Blöde ist, dass wir an die Abfahrtszeiten der aufs Festland zurückschwebenden Seilbahnen gebunden sind – wir müssen los … Aber diese Nummer, also die Insel, sollten wir bei einem zukünftigen Singapur-Besuch unbedingt gleich einplanen.

DAS Ü-EI DES SANITÄRS

Die Reise auf der MS Europa 2 war ja nun der ultimative Luxus. Man kann sich kaum vorstellen, wie 1A dieses Schiff ausgestattet ist, bevor man es nicht mit eigenen Augen gesehen hat. Wie perfekt die Suiten selbst für den Großeinfall von uns vieren gewappnet und wie köstlich und abwechslungsreich die Speisen zubereitet sind, wie ordentlich und sauber alles ist und wie zuvorkommend das Personal. Definitiv einer der außergewöhnlichsten Arbeitsplätze meines Berufslebens.

Womit wir in Sachen Sauberkeit bei einem Thema angelangt sind, das bei einer solchen Reise durch unterschiedliche Länder und Kulturen doch einiges an Gesprächsstoff hergibt: den sanitären Einrichtungen. Es wäre jetzt zu einfach und auch irgendwie zu trivial, die hunderttausendste Abhandlung davon zu verfassen, ob der Toilettenbesuch nun angenehmer auf einer westlichen Toilette beim Sitzen auf einer Klobrille ist oder ob die gehockte Haltung doch vieles vereinfacht – da bin ich ja eher Fan von, nicht nur wegen der ergonomischen Haltung, auch wegen der Hygiene. Aber wie gesagt, darüber wurde sicherlich schon ausreichend diskutiert. Daher gibt es an dieser Stelle nur ein kleines Ranking der mir angenehmsten und auch spaßigsten Toiletten.

Mein absoluter Platz eins: das koreanische Toilettenmodell bei unseren Freunden in Neuseeland. Dieses bietet verschiedenste Wahlmöglichkeiten, das Toilettenerlebnis unvergesslich zu machen, während man auf der angewärmten (okay, ist verzichtbar) Klobrille Platz nimmt. Als da wären: *rear cleansing*, *front cleansing* und *air dryer*. Dazu kommen noch die Unterpunkte: *nozzle position* (hoch und runter), *water pressure*, *air dryer temperature* und *wide* (bezieht sich wohl auf die Sprühweite). Aber es gibt auch noch etliche weitere Funktionen wie *move* (bezogen auf das Wasserröhrchen, das scheinbar in sich beweglich ist), *nozzle cleansing*, *water* und *seat temperature*.

Zwei Tage fand ich das total lächerlich und dekadent und rührte keinen einzigen Knopf an, aber am dritten wollte ich doch mal ganz kurz wenigstens eine Funktion ausprobieren. Und: Ich will auch so ein Teil!

Also der angewärmte Sitz interessiert mich ja nicht, aber sowohl *front* als auch *rear cleansing* fühlen sich nicht nur gut an, sondern geben einem auch das ziemlich angenehme Gefühl eines äußerst hygienischen Toilettengangs. Wahrscheinlich hat das Ganze auch umwelttechnisch viel Nutzen, da man kein Klopapier benutzt, das ja in der Herstellung ganz schön Ressourcen verschlingt, und es somit auch nicht runterspült, was wiederum die Kläranlagen entlastet.

Der Föhn zum Abschluss ist wie das Sahnehäubchen des Toilettengangs – und ich rede mich gerade um Kopf und Kragen. Aber im Ernst, dieses Ding ist nützlich, spaßig und unterhaltsam zugleich, sozusagen das Ü-Ei des Sanitärs. Seitdem bin ich ein großer Fan von Wassersprühern aller Art, die anstelle von Toilettenpapier verwendet werden können.

Daher fasse ich meine Ranking-Plätze zwei und drei gleich zusammen: Das sind definitiv Toiletten für die gehockte Haltung. Besonders sinnvoll und angenehm ist das natürlich, wenn auch andere Menschen dieses Örtchen aufsuchen, weil man mit keiner bespritzten oder unsauberen Klobrille konfrontiert geschweige denn in Berührung kommt und sich – schon aufgrund der Körperhaltung – auch nicht so lange dort aufhält. Einzig für diejenigen, die es lieben, während ihres Toilettengangs zu lesen, ist das, glaube ich, eher unbequem.

Und ja, ich finde die anschließende Säuberung mit Wasser sehr angenehm … habe ich mich auf dieser Reise voll dran gewöhnt. Schade, dass diese Vorrichtung bei uns eigentlich nie im Angebot ist.

Jetzt höre ich aber besser mit dem Thema auf, ich erinnere mich nämlich gut daran, dass es für mich immer ein untrügliches Zeichen des Altwerdens war, wenn Menschen beginnen, sich über Toiletten und den Gang auf dieselben zu unterhalten.

PRINCESS DIANA

Mal sehen, wie das mit den Affen so wird – die mögen mich ja eigentlich nicht. Heute verlassen wir nach zwei Nächten Semarang, eine Stadt in Indonesien, von der zumindest ich zuvor noch nie gehört hatte und leider auch überhaupt nichts berichten kann, weil wir uns hier die Zeit genommen haben, den einen kompletten Tag des Wartens auf unseren Flug nach Pangkalan Bun einfach nur im Hotel abzuhängen. Wir waren mal wieder fast die einzigen Gäste und versuchten, uns am hoteleigenen Dachpool oberhalb der Stadt auf eine weitere grobe Reiseplanung zu verständigen.

Definitiv wissen wir schon, dass es in Richtung Kalimantan, dem indonesischen Teil von Borneo, weitergeht, denn in der Nähe des Städtchens Pangkalan Bun – uns bisher völlig unbekannt – soll es eine der wenigen Möglichkeiten auf der Welt geben, Orang-Utans in ihrer natürlichen Umgebung zu beobachten. So ist es uns zumindest zu Ohren gekommen.

Der Nationalpark bei Pangkalan Bun soll Gott sei Dank noch nicht komplett abgeholzt und Gier und Geschäftemacherei zum Opfer gefallen sein, um Palmen zur Palmölgewinnung anzubauen. Allerdings lässt der Blick aus dem Flugzeugfenster anderes vermuten: So weit das Auge reicht, sehen wir Felder voller Palmen, wie mit dem Lineal gezogen. Der Lebensraum der Orang-Utans verkleinert sich tagtäglich.

Wir erklären den Jungs, wie wichtig es ist, sich mit dem Thema Brandrodung zugunsten von Palmölplantagen zu beschäftigen. Vielleicht kann es ja gelingen, dass auch sie ihren Kindern noch die friedfertigen »Waldmenschen« in ihrer angestammten Welt zeigen.

Morgen wollen wir auf ein Hausboot ziehen, ein sogenanntes Klotok, und damit vier Tage und Nächte geruhsam durch den Nationalpark tuckern, um hoffentlich viele Tiere beobachten zu können. Heute übernachten wir in einem Hotel, das im Netz eigentlich ganz gut aussah. Wir müssen jedoch feststellen, dass auch wir mal an ein Hotel geraten können, bei dem die Bilder im Internet und die Wirklichkeit stark auseinandergehen. Aber eine Nacht stellt natürlich kein Problem für uns dar, wir wollen ja einfach nur schlafen. Allerdings stellt sich, als es dunkel wird und die Schlafenszeit naht, heraus – beziehungsweise: *hört sich heraus* –, dass direkt unter unserem Zimmer eine Karaokebar liegt, die auch fleißig frequentiert wird.

Bar ist vielleicht auch nicht der treffendste Begriff, hier läuft das so ab: Eine Etage unter uns befinden sich zehn Räume, ausgestattet mit halbrunder Sitzecke und einem Fernseher, die man dann mieten kann, um Karaoke zu singen. Drei Räume waren bereits während unseres Rundgangs durchs Hotel mit fleißig singenden Indonesiern besetzt, deren Stimmen sich als disharmonischer Kanon in unserem Zimmer vereinigten. So viel zu »einfach nur schlafen«.

Die Kinder stehen der Sangeskunst um und unter uns recht neutral gegenüber, während Claus und ich kurz überlegen, ob wir es nicht auch versuchen sollen, immerhin wäre ich am liebsten Rockstar geworden, befand aber meine Gesangskünste für nicht ausreichend. Spaß würde es aber bestimmt machen und fernab von all den Leuten, die uns kennen, könnten wir auch hemmungslos aus- und rumprobieren – und das sogar in vollkommen nüchternem Zustand, ohne uns Mut anzutrinken. Alkohol ist hier nämlich absolut verpönt und wird nicht mal an der Hotelbar ausgeschenkt. Leider scheitern wir aber daran, dass wir kein einziges indonesisches Lied kennen, und auf das Liederrepertoire europäischer Besucher sind sie hier nicht eingestellt.

Dann müssen wir uns wohl aus dem Untergeschoss in den Schlaf singen lassen – zumindest lenkt uns das von der Ameisenstraße ab, die gerade durch Claus' Bett verläuft. (Das bezahlte Zustellbett stellte sich als alte Matratze auf dem Boden heraus.)

Irgendwie, irgendwo, irgendwann sind letztlich auch Claus und ich eingeschlafen und heute Morgen empfängt uns unser Tour-Operator Fardi zur verabredeten Zeit vor dem Hotel, um uns auf unser schwimmendes Interimszuhause zu bringen.

Da hatten wir doch wieder ein goldenes Händchen beim Aufstöbern und Buchen. Fardi, ein Einheimischer, betreibt seit einigen Jahren sein eigenes Geschäft mit Hausboottouren. Er beschäftigt ausschließlich Landsleute, die gut von Besuchern und Tourismus leben können, und ist daher sehr am Erhalt des Nationalparks und dem Wohlergehen der Orang-Utans interessiert.

Das Boot gefällt uns auf Anhieb total. Tagsüber liegen, sitzen und chillen wir auf dem Deck, in Hängematten, auf Matratzen und Sitzsäcken, bis wir dann am Abend ein riesiges Matratzenlager geschützt durch Moskitonetze an Deck aufschlagen und den Dschungel hautnah um uns erleben.

Nie zuvor habe ich in der ersten Nacht in einem fremden Bett so gut geschlafen wie hier und nie zuvor bin ich von selbst, aus freien Stücken, um sechs Uhr morgens aufgewacht, in dieser magischen Stunde zwischen Nacht und Sonnenaufgang. Unsere Bootsmannschaft besteht aus einem Kapitän, einem Matrosen, unserem persönlichen Führer Ihus und einer Köchin, die uns unglaubliche drei Mahlzeiten pro Tag auftischt, die nicht nur sehr reichhaltig sind, sondern auch wunderbar schmecken. Keine Ahnung, wie sie das auf engstem Raum unter Deck schafft. Nach jedem Ausflug begrüßt sie uns mit eiskalten Tüchern und kleinen gebackenen Bananen als Zwischensnack – und das alles ohne Kühlschrank, Spülmaschine oder sonstige Küchenhelfer, die für uns so selbstverständlich geworden sind.

Nur Claus muss ein bisschen leiden, denn irgendwie waren meine Angaben im Vorfeld wohl unglücklich, als wir nach bestimmten

Essvorlieben gefragt wurden. Jahvis und ich sind Vegetarier – klar, kein Fleisch –, aber auf die Frage nach dem Verzehr von Eiern wollte ich nicht wieder verneinen und alles weiter verkomplizieren. Das hat zu Folge, dass unsere wunderbare Köchin zu jeder Mahlzeit Eier in verschiedensten Formen auf den Tisch bringt, die Claus ganz tapfer fast komplett allein essen muss. Denn wir wollen ja höflich sein und nicht den Eindruck erwecken, dass uns das Essen nicht schmeckt – was definitiv nicht der Fall ist –, und wir möchten doch bitte auch vermeiden, dass es weggeworfen wird. Allerdings habe ich keinen Schimmer, wann bei Claus der Eiweißschock einsetzen müsste; noch hält er sich tapfer.

Was das Tapfersein angeht, so bin ich dann doch überrascht – wobei ich mich fragen muss, was ich denn erwartet hatte –, als ich sehe, dass unsere Köchin das dreckige Geschirr mit Wasser aus dem Fluss wäscht. Ich gehe nun davon aus, dass wir uns alle mindestens auf Durchfall einrichten können, denn auch wenn wir umgeben von wilder Natur sind, die Boote, wie auch unseres, die hier entlangschippern, leiten alle, wirklich *alle* Abwässer ungefiltert in den Fluss. Na, das wird ja was, ich erwarte durchschlagende Argumente. (Wir sind übrigens alle gesund geblieben. Es ging uns während der gesamten Tour und danach hervorragend. Aber das nur nebenbei.)

Bei unserem ersten Landausflug erreichen wir nach einem halbstündigen Spaziergang durch den Dschungel eine Plattform, zu der Ranger einmal täglich zu bestimmten Uhrzeiten Bananen bringen. Die »Waldmenschen« kommen dann relativ sicher und zeitnah und holen sich ihren Snack. Es sei denn, es regnet stark, dann scheinen sie das nicht so zu mögen. Völlig unbeeindruckt von uns holen sie sich auch diesmal ihre Leckereien ab, manche Weibchen mit ihren Babys auf dem Rücken. So wie man bei Delfinen immer den Eindruck hat, dass sie lachen, wirken diese Menschenaffen fast ein wenig traurig, als sie uns von unten nach oben mit vermeintlicher

Scheu mustern. So ein bisschen wie dieser Princess-Diana-Blick.

Und ähnlich wie bei ihr hat man das unbedingte Bedürfnis, sie zu retten. Hoffentlich schaffen wir es, diese wunderschönen, völlig friedfertigen Lebewesen zu schützen und ihnen ihren natürlichen Lebensraum, den Urwald, zu erhalten. Mal ganz abgesehen davon, dass wir mit der Zerstörung des Regenwalds die »Lunge unserer Erde« vernichten.

Auf jeden Fall sind sie, um es mal typisch Mädchen auszudrücken, süß, zuckersüß, extrem süß und noch einiges süßer. Kein Zaun, keine Glasscheibe trennt uns und sie müssen keinen Gefängnisaufenthalt wie in unseren Zoos oder sogar Sklavenarbeit wie in Zirkussen ertragen. Ganz zu schweigen von der unwürdigen, perversen und verabscheuungswürdigen Haltung in Bordellen. Hannes Jaenicke hat dazu einen unglaublich schockierenden Bericht über weibliche Orang-Utans veröffentlicht.

Es wäre toll, wenn wir alle zukünftig möglichst auf Produkte mit oder aus Palmöl verzichten. Unsere Familie wird es auf jeden Fall versuchen!

Aber auf unserer Fahrt sehen wir nicht nur die großen Menschenaffen, oft begegnen uns auch Gruppen von Nasenaffen – übrigens auch mal wieder endemisch, also nur in Borneo/Kalimantan beheimatet –, und diese flinken Kletterer zu beobachten, macht richtig Spaß. Einmal haben wir sogar das Glück und können miterleben, wie diese eigentlich guten Schwimmer den hier eher schmalen Fluss überwinden, indem sie von einem Baum zum anderen auf die gegenüberliegende Seite springen. Unser Guide erklärt uns, dass sie längeren Kontakt mit dem Wasser möglichst vermeiden, da es im Fluss Krokodile gibt. Vor einiger Zeit sind sogar zwei Menschen, die nichts auf die Warnungen gegeben haben, beim Baden getötet worden.

Also wir machen es doch lieber wie die Affen und gehen jedem Wasserkontakt aus dem Weg. Vielleicht sollten wir uns vorsichtshalber nicht mal mehr duschen, man weiß ja nie. Ist ja schließlich auch noch keiner erstunken …

Aber zurück zu den Affen, die den Fluss überqueren wollen: Die Entfernung, die sie überwinden müssen, ist ganz schön groß. Einige verschätzen sich und platschen lautstark ins Wasser – sind aber auch verdammt schnell wieder draußen. Anderen können wir regelrecht beim Denken zusehen, ihr Zögern ist praktisch greifbar, sie sehen aus, als hätten sie ganz schön Muffensausen, den Sprung zu wagen. Am Ende siegt aber der Gruppenzwang und alle hüpfen hinüber, mehr oder weniger trocken, aber zumindest ohne Krokodil am Hintern.

Bei unseren Wanderungen zu den einzelnen Camps – eines davon zieht verwaiste Orang-Utan-Babys auf, deren Mütter gefangen und von ihnen getrennt wurden, um an Zirkusse, Zoos oder sogar Privathaushalte verkauft zu werden – lernen wir wahnsinnig viele neue Sachen kennen und erfahren interessante Dinge über den Dschungel. Von *glowing mushrooms*, also leuchtenden Pilzen, hatte ich zuvor noch nicht gehört – wobei, in Thailand gibt es doch die *magic mushrooms*, aber das führt jetzt zu weit. Auf jeden Fall wachsen die Leuchtpilze hier; genau wie eine Pflanze, deren Saft man gegen Malaria einsetzen kann, und Bäume, die man heiraten sollte – so ist ihr Saft für den Gatten nicht mehr ätzend. Fliegende Stabheuschrecken gibt es auch, aber die erinnern mich an die kleine Tinker Bell aus Peter Pan. Da bricht schon wieder das Mädchen bei mir durch, aber die sind auch sooo süß, sogar mit rosafarbenen Flügeln.

Ein Highlight jagt das nächste: Nachdem wir heute tagsüber zwei verschiedene Orang-Utan-Gruppen beobachten durften, gehen wir heute Abend auf eine Nachtwanderung, und das ist echt aufregend – wie eigentlich alles, was wir hier erleben. Während wir auf einen zusätzlichen Ranger warten, der uns durch den stockfinsteren Dschungel geleiten soll, zeigt uns unser Guide Ihus, was man selbst an relativ unspektakulär erscheinenden Orten – in diesem Fall einem kleinen Platz am Ufer, der von vier Hütten gesäumt ist – so alles entdecken kann. Wir staunen nicht schlecht, als er mit seiner Taschenlampe an den Fuß eines Baumes leuchtet und wir zwei reflektierende Augenpaare erkennen können. Er erklärt uns, dass das Spinnen sind – um genau zu sein: Taranteln –, die hier in Erdlöchern leben und ihre Jagdbasis eingerichtet haben. Oh, Taranteln … wie nett. Natürlich lässt er es sich auch nicht nehmen, uns nah an diese Löcher heranzuführen und die Spinnen freundlich, aber bestimmt zu uns einzuladen. Dazu legt er einen kleinen Stock in den »Höhleneingang« und die Spinnen, die das nicht wirklich lustig finden, kommen heraus, um den vermeintlichen Eindringling zu verjagen. Wir staunen nicht schlecht und gruseln uns auch auf angenehme Weise ein wenig, als Frau Tarantula entschlossen vor ihre Höhlentür tritt und uns ins Visier nimmt. Zumindest fühlen wir uns ganz schön beobachtet.

Mit dem Wissen, wer in den Löchern, die wir immer wieder auf unseren Waldwanderungen sehen, so wohnt, und der Information, dass die Bewohner mit ihrer Körpergröße meistens dem ungefähren Lochumfang entsprechen, freuen wir uns sehr, dass wir unsere dicken, festen Trekkingschuhe dabeihaben und nicht in Badeschlappen rumlaufen müssen. Die Freude wird noch größer, als wir auch noch einen riesigen Skorpion erblicken – ich wusste einfach schon immer, dass Schuhe einem ein gutes, überlebenswichtiges Gefühl geben. Obwohl wir bisher ganz relaxt – so ein bisschen im Neuseelandmodus: von wegen, es gibt keine giftigen und gefährlichen Tiere – rumgelaufen sind, merken wir an diesem Abend doch sehr konkret, dass wir es mit einem echten Dschungel, so wie wir ihn uns vorstellen, zu tun haben. Wir, besonders Claus, hoffen nur, dass die hier wohl auch heimischen Kobras und noch ein paar andere Arten dieses Kalibers heute Nacht woanders beschäftigt sind. Schließlich ziehen wir mit dem Ranger und Ihus los, hinein in den dunklen Urwald – die Jungs mit ordentlich Respekt und dem Wunsch, vielleicht doch lieber auf dem Boot zu bleiben. Aber da gibt's nix, auf ins nächste Abenteuer!

Nach zehn Minuten bleibt unser Anführer stehen und bittet uns, die Taschenlampen auszumachen; und schon tauchen wir ein in die magische Welt des nächtlichen Dschungels. Um uns herum dunkelste Nacht, nur erhellt von Hunderten von Glühwürmchen, voller geheimnisvoller Geräusche. Es fühlt sich an, als wären wir umzingelt von Irrlichtern oder beschützt von vielen kleinen Seelenwesen, je nach Gefühlslage. Ist das schön.

Wieder mit Unterstützung unserer Taschenlampen geht es weiter, tiefer in den Wald hinein, und direkt auf dem Boden vor uns erblicken wir einen schwarz glänzenden großen Skorpion. Nur einige Schritte weiter sitzt ein rundes, fluffiges Knäuel in Augenhöhe auf einem Ast – ein schlafender Vogel, der sich von uns und dem Licht überhaupt nicht stören lässt. Sein Kopf steckt ja auch fest im Dunkeln, unsichtbar unter einem Flügel, und er schläft seelenruhig weiter. Ihus erzählt uns, dass es sich hierbei um einen *spider bird* handelt. Irgendwie lustig, dass es einen Spinnenvogel gibt. Fängt der auch Vogelspinnen? Irgendwas ist da wohl auf der Übersetzungsstrecke von Deutsch, Englisch über Indonesisch bis hin zum Borneodialekt liegen geblieben. Fledermäuse hängen auch in der Gegend rum, die mag ich persönlich ja total gern, und hin und wieder erhellt sich unser Pfad tatsächlich von fluoreszierenden Pilzen, die mit ihrem Licht Insekten anlocken, die wiederum den Pilzen dabei helfen, ihre Sporen zu verteilen. Schöne, magische, dunkle, unbekannte, faszinierende Welt. Die Nacht verbringen wir ein wenig weiter flussabwärts auf unserem Boot, draußen an Deck, von den nächtlichen und überraschenderweise sehr beruhigenden Dschungelgeräuschen in den Schlaf gewiegt.

Am nächsten Morgen weckt mich eine mir gut vertraute Pfeifmelodie in stetiger Abfolge. Ich habe ja schon öfter geunkt, dass diese ganzen schöne Orte nahezu unwirklich schön sind und wir uns nur in einem verdammt guten Film befinden, doch ein Teil der »Tribute von Panem«-Realität zu werden, wäre irgendwie semioptimal. Aber genau die Melodie der Spottdrossel, mit der sich die Helden der Filme Zeichen geben, erklingt direkt hinter unserem Boot im Dschungel. Jetzt fehlt eigentlich nur noch, dass Balu rücklings und singend im Fluss vorbeitreibt – dann müsste ich entweder davon ausgehen, dass sich gestern *glowing mushrooms* in unserem Essen befanden oder ich in eine sehr spannende Parallelmatrix gerutscht bin. Oder es gibt hier Spottdrosseln oder andere Vögel, die diese Melodie beherrschen; das könnte natürlich auch sein, muss aber nicht. Da allerdings weder Mogli noch das Flammenmädchen Katniss alias Jennifer Lawrence auftauchen, starten wir den Tag einfach damit, King Louie zu suchen. Ahhh, so wird ein Schuh draus!

Aber bevor wieder die wunderschönen, ruhigen rostroten »Waldmenschen« vor uns auftauchen, zeigt uns erst einmal ein Gibbon, was für ein eleganter Kletterer er ist und wie hübsch er überhaupt aussieht. Die Orang-Utans sehen wir schon aus einiger Entfernung; sie nutzen die dünneren Bäume, um sich von einem zum anderen fortzubewegen. Die zurückschnellenden Stämme weisen uns den Weg.

Die Weibchen bekommen übrigens nur etwa alle acht Jahre ein Baby, das sie dann in sehr enger, liebevoller Bindung bis zu sechs Jahre mit sich herumtragen. Die »Waldmenschen« haben zu achtundneunzig Prozent die gleiche DNA wie wir Menschen.

Wir können beobachten, wie zwei Affenbabys, während ihre Mamas Bananen essen, genau wie unsere Kinder zusammen spielen, Purzelbäume schlagen und miteinander raufen. Doch bei aller Begeisterung bleibt mir immer die große Frage im Hinterkopf, wie es möglich sein kann, dass der Lebensraum dieser wunderbaren Geschöpfe weiter zerstört wird, sie aus ihren Familien gerissen und Perversionen ausgesetzt werden oder ihr qualvoller Tod durch Brandrodung in Kauf genommen wird.

> Sehr von mir verachtete Firma Nestlé, auch wenn Sie diese Zeilen vielleicht nie erreichen werden und selbst wenn Sie einen Scheiß darauf geben, ich werde alle mir zur Verfügung stehenden Mittel nutzen, um Sie zum Umdenken zu bewegen, und möglichst viele Menschen über Ihre Gier und tier-, menschen- und umweltverachtenden Geschäfte aufklären und immer wieder darauf hinweisen.

Schnell zurück zu unseren besonderen Momenten im Regenwald. Im Laufe des Tages haben wir sogar das Glück, dass der Boss der Gruppe auftaucht und sich uns in seiner ganzen Größe und Pracht zeigt und ordentlich bewundern lässt. Gemächlich und dabei sehr majestätisch klettert er trotz seines beeindruckenden Körperumfangs elegant herunter und holt sich seinen »Löwenanteil«. Wir können aber auch dabei zuschauen, wie er liebevoll, ganz Papa, einem kleinen Äffchen von einem Baum zum anderen hilft. Wir könnten stundenlang hier stehen; und ich weiß gar nicht, wie viele Hunderte Fotos ich bereits verschossen habe, um die unterschiedlichen Mienen und Gebärden einzufangen. Aber leider oder glücklicherweise entscheiden frei lebende Tiere selbst, wann und wohin sie weiterziehen.

Zurück an Bord, genießen wir den absoluten Luxus, in aller Ruhe den langsam vorbeiziehenden Dschungel zu bewundern. Das wird nur kurz unterbrochen, als wir am Ufer ein Krokodil entdecken, das übrigens beängstigend groß ist; ich schätze es mal auf annähernd vier Meter. Am Abend wünschen wir uns eine weitere Nachtwanderung – und auch das wird uns erfüllt. Wir verlassen gegen neunzehn Uhr das Boot, da es mittlerweile stockduster ist, und betreten wieder mit einem zusätzlichen Ranger und unserem Guide den nachtschwarzen Dschungel. Diesmal ist es fast noch spannender für uns, da wir einen Weg einschlagen, der als solcher gar nicht mehr erkennbar ist, so dicht bewachsen ist alles. Da der Blätterwald über uns ein Dach bildet, dringt auch kein Mondlicht durch, um uns ein wenig Licht zu spenden. Das bedeutet, dass uns außerhalb des kleinen Lichtkegels der Taschenlampen eine komplett schwarze Wand umgibt. Hin und wieder sehen wir als einzige natürliche Lichtquellen Glühwürmchen und leuchtende Pilze. Da wir ja jetzt schon ein bisschen im Nachtwandern geschult sind, fühlen wir uns aber relativ sicher mit den mannigfaltigen Geräuschen um uns, die unglaublich präsent sind. Aber um ehrlich zu sein, würden wir unseren Guide verlieren, wären wir komplett aufgeschmissen. Der erzählt uns auch noch ganz locker, dass es hier Baumschlangen gibt, die natürlich auch mal runterfallen können. Claus findet diese Vorstellung nicht ganz so nett, während ich mich auf die relativ große Spinne, die sich mit weiten Sprüngen fortbewegt, in etwa zwei Hopsern Entfernung konzentriere.

Sobald wir stehen bleiben und uns den Boden mal genauer anschauen, staunen wir über das, was da so alles unterwegs ist. Angefangen von Ameisen in verschiedensten Größen und unterschiedlichen Bissstärken über Käfer aller Art – der größte, den wir sehen, ist ein Nashornkäfer – bis hin zu Würmern, Tausendfüßlern und sämtlichen vorstellbaren (oder besser: unvorstellbaren) Sorten von Spinnen, Skorpionen, Blutegeln usw. Das *usw.* steht für all die Tiere, dir wir noch nicht einmal (er-)kennen.

Irgendwie steckt wohl noch immer dieses Neuseelandgefühl – die Welt ist gut und es gibt keine Gefahren – tief in uns, anders kann ich mir unser doch sehr unbedarftes Verhalten im tiefen, dunklen Dschungel nicht erklären. Unser lieber Ihus ist auch nur in kurzen Hosen mit uns unterwegs und der wird es ja nun am besten wissen. Doch, schwupps, ganz schnell können sich Verhaltensmuster, die sowieso eher atypisch für mich und uns sind, auch wieder ändern – und das auch schlagartig, als unser Guide (sorry für den Anglizismus, aber die deutsche Variante »unser Führer« hört sich dann doch gruselig an) am Ende unseres Ausflugs, wie von der Tarantel (passt ja!) gestochen, anfängt zu hüpfen und aufzustampfen. Dabei schreit er, dass ihn etwas gebissen hätte. Tatsächlich plumpst eine kleine Schlange neben ihm auf den Boden, die sich eiligst auf die Flucht macht. Ich flitze blitzschnell hinterher, um rauszukriegen, was das für eine ist, damit wir im Zweifel wissen, welches Gegengift wir benötigen. Okay, beim Versuch, wieder einen klaren Gedanken zu fassen, dämmert mir auch, dass ich zum einen keine Schlangengattungen unterscheiden kann und wir zum anderen in the Middle of Nowhere auch keine Händler von Gegengiften antreffen werden.

Muss man das Gift nicht zumindest aus der Wunde saugen? Macht man doch so, zumindest alle Film- und Fernsehhelden à la Indiana Jones, die ich so kenne. Und mit *man* meine ich selbstverständlich *Mann* – ich sehe mich so gar nicht an der Wade von Ihus saugend. Bleibt mir jetzt nur noch der Part, das Drama einzuläuten! Ich fühle, dass ich auch dafür sofort bereit bin.

Aber bevor ich mir noch überlegen kann, wie ich mich dabei genau anstellen soll – denn trotz allem muss das natürlich so angelegt und gedimmt sein, dass es im Zweifel kein Trauma bei den Kindern auslöst und sie auch zukünftig noch dschungeltaug-

lich bleiben –, zieht der immer noch irritierte Ihus eine wirklich große Ameise von seinem Bein, an dem die sich festgebissen hatte. Sie ist denn auch die tatsächliche Urheberin des Schmerzes, den er so plötzlich verspürt hat. Die kleine Schlange war wohl nur schmückendes Beiwerk, wenn auch möglicherweise hochgradig giftig. Wobei, wenn ich meinen Neuseelandmodus wieder einschalte, vielleicht war sie auch nur eine nette kleine Schlange oder ein friedliebender riesenhafter Regenwurm, falls es die hier geben sollte. Wer weiß das schon. Just for the record, der Ameisenbiss, der wohl echt sehr schmerzhaft war, hatte keine Konsequenzen für Ihus' Gesundheit.

Die Nachtwanderungen sind neben den Orang-Utans ein ganz besonderes Highlight. Und, wie gesagt, das Einschlafen, eingehüllt in die vielen unterschiedlichen Tierstimmen und ihre Klangfarben, ist für mich, für uns alle wunderschön. Wir wollen uns gar nicht vorstellen, dass wir nach diesen vier Tagen und

Nächten unser Boot wieder verlassen müssen; wie gern würden wir einfach weiterschippern.

Jedoch bricht der letzte Tag an Bord leider viel zu schnell an, aber eine Aktion haben wir noch vor uns. Es gibt hier die Möglichkeit, in einem leider vor längerer Zeit gerodeten Gebiet, das eine Naturschutzorganisation aufgekauft hat, gegen eine freiwillige Spende wieder Bäume einzupflanzen. Sind wir natürlich dabei! Und so sucht sich jeder von uns *seinen* kleinen Setzling aus. Wir haben vierzehn verschiedene Arten zur Auswahl und uns wird gezeigt, was für Bäume einmal aus diesen Minis werden. Die Jungs entscheiden sich beide für eine Baumart, deren Früchte besonders die Affen lieben, und Claus nimmt eine schnell wachsende Art, an der alle Tiere gern naschen. Ich entscheide mich für Gaharu, eine Baumart, deren Rinde nach Sandelholz riecht. Sie ist schlank, wächst sehr hoch und ihre Blätter helfen, wie ich später erfahre, gut gegen Bauchweh. Passt.

Wir pflanzen unsere Bäumchen gemeinsam ein, jedes mit einer Tafel mit dem heutigen Datum, unseren Namen und unserem Heimatland versehen. Ehrlich gesagt, erinnert mich das im ersten Moment an Tafeln, die neben Gräbern stehen, aber dieser Eindruck verfliegt schnell wieder. Wir versprechen uns, eines Tages mit unseren erwachsenen Söhnen zurückzukehren und *unsere* – dann natürlich riesigen – Bäume zu besuchen.

Auf der Rückfahrt zu unserem Startpunkt in Kumai passieren wir die Abzweigung zu einem etwas kleineren Flussarm, der am Nationalpark entlangfließt, und können kaum glauben, was wir da sehen. In dem schlammigen und eher dunklen Gewässer gehen leicht rosafarbene Flussdelfine, die hier heimisch sind, auf Jagd. Was haben wir für ein Glück, diesem Artenreichtum hier in Kalimantan noch zu begegnen.

TINA GEPRÜFT

Mehrtägige Hausboottour zu den Orang-Utans gebucht bei Fardi Bornean
www.orangutanhouseboattour.com
Vor der Tour haben wir in Pangkalan Bun im Hotel Kecubung übernachtet, würde ich aber nicht empfehlen.

Im Anschluss an die Tour verbrachten wir noch eine Nacht im Hotel Swiss-Belinn, das war völlig okay. Airport Shuttle ist verfügbar, aber kostenpflichtig. Von und nach Pangkalan Bun sind wir mit Garuda Indonesia geflogen, einer guten und zuverlässigen Airline, die nicht unter die schlecht bewerteten Airlines aus dem großen Angebot der asiatischen Billigfluganbieter fällt.

Unterstützung zur Rettung der Orang-Utans ist natürlich auch von Deutschland aus möglich:
www.orang-utans-in-not.org

INDONESIEN 2.0

Von Pangkalan Bun aus treten wir eine relativ lange (rein zeitlich, nicht entfernungsmäßig) Reise nach Gili Air an, einer kleinen Insel vor Lombok, die wir nur durch Zufall erst vor Kurzem in einem *Stern*, der auf der MS Europa rumlag, als Geheimtipp entdeckt haben. Dort soll es sehr entspannt und geruhsam zugehen. Da wir als feste Station demnächst leider schon in Kuala Lumpur eintreffen müssen, wollen wir auf jeden Fall noch ein paar Stranderholungstage einlegen, und da kommt uns Gili Air gerade recht.

Gleichzeitig bedeutet das aber für uns, dass wir von Pangkalan Bun nach Semarang, dann nach Jakarta und dann weiter nach Lombok fliegen müssen, um dort eine Fähre nach Gili Air zu nehmen. Ausnahmsweise buchen wir unsere Flugverbindung nicht direkt bei der Airline, in diesem Falle wieder Garuda, sondern über das Opodo-Portal. Wie sich am Flughafen herausstellt – eine schlechte Entscheidung. Denn wir haben zwar eine Buchungsbestätigung und meine Kreditkarte wurde auch schon vor einer knappen Woche mit den gesamten Flugkosten belastet, aber offensichtlich hat Opodo vergessen, auch bei der Airline Tickets ausstellen zu lassen. Soll heißen: Für die Airline haben wir weder bezahlt noch sind Flüge für uns hinterlegt. Gott sei Dank sind wir es ja gewöhnt, schnell zu reagieren und uns selbst zu helfen, denn auf die Hoffnung, bei Opodo jemanden zu erreichen, brauchen wir gar nicht zu setzen. Das Unternehmen verkauft zwar internationale Flugtickets, arbeitet aber nur zu deutschen Bürozeiten, das heißt von acht bis achtzehn Uhr *deutscher* Zeit. Denkbar ungünstig. Wenn man um elf Uhr indonesischer Zeit Probleme mit einer Buchung hat, ist dann nämlich erst fünf Uhr morgens in Deutschland. Pech gehabt.

Aber ehe wir jetzt hier hängen bleiben und einen ganzen Tag verlieren plus zwei Folgehotelbuchungen ins Leere laufen, müssen wir halt neue Tickets kaufen, diesmal dann direkt bei der Airline. So klappt's auch mit dem Fliegen! Das einzige Problem, das es jetzt noch zu lösen gilt: Am Flughafen von Pangkalan Bun werden bei der Airline keine Kreditkarten akzeptiert. Also nehmen wir erst mal für einige Zeit den einzigen Geldautomaten in Beschlag und heben abwechselnd mit den drei uns zur Verfügung stehenden Kreditkarten um die vierzehn Millionen indonesische Rupien in Fünfhunderttausender-Schritten ab. Das nimmt tatsächlich fast dreißig Minuten in Anspruch und lässt uns mit mehr Geldscheinen in der Gegend rumstehen, als wir jemals in Händen hatten. Aber Hauptsache, wir sind noch gut in der Zeit, um vier Tickets ausgestellt zu bekommen.

Drei Flüge später erreichen wir am Abend Lombok, und da wir nicht im Dunkeln quer über die Insel zum Hafen gebracht werden wollen – apropos Tina Taxischreck –, übernachten wir gleich in Flughafennähe und reisen erst am nächsten Morgen weiter.

Am noch morgendlichen Hafen bringt uns unser Taxifahrer zum wohl am meisten von Touristen frequentierten privaten Speedboat. Nach längerer Verhandlung einigen wir uns mit dem Ticketverkäufer auf dreihunderttausend indonesische Rupien für die Fahrt, und nachdem der das Geld entgegengenommen hat, meint er so ganz lapidar, dass unser privates Boot in etwa einer halben Stunde fahren würde. Auf unsere Verwunderung, warum es nicht sofort losginge, erklärt er uns, dass gleich Lunchtime sei und wir uns doch mal locker machen sollten. Und ob wir locker sind, ja so was von, aber dann könnten wir ja auch die Fähre nehmen, die in einer halben Stunde fährt, für den Bruchteil des Geldes, geben wir zurück. Das findet er offenbar null witzig und zieht es besser vor, uns unser Geld wiederzugeben und mit bösen Blicken zu bedenken, weil wir wohl seinem *locker* nicht entsprechen.

Na dann, umso besser, auf geht's zum öffentlichen Fähranleger. Hier gibt es verschiedene Preisklassen, und wenn es schon nicht das private Speedboat sein soll, dann nehmen wir wenigstens die absolut billigste öffentliche Ferry. Die fährt ab, sobald sie voll ist, und wir ergattern noch die letzten Plätze. Allerdings müssen wir, um einzusteigen – und das möglichst schnell, alle warten nur noch auf uns –, einen kleinen Bach überqueren. Es gibt zwar ein paar Steine im Wasser, über die man laufen kann, allerdings liegen die circa fünfzehn Zentimeter unter Wasser und sind sehr wackelig. Super mit unserem Gepäck, immerhin zwei Ziehkoffern, drei Rucksäcken in Handgepäckgröße und einem Vidal, der sich kategorisch weigert, da durchzulaufen, Schuhe und Hose könnten ja nass werden. Und wer Vidal kennt, weiß, dass es in Hysterie ausarten kann, wenn man ihn zwingt. Pädagogisch zwar unklug, aber wir haben keine Zeit zu diskutieren oder alle ewig unsere Trekkingboots auszuziehen – das Boot will starten, und so tragen wir Vidal auch noch rüber. Ich muss wohl nicht erwähnen, dass ich es auch nur semioptimal fand, mit meinen Schuhen durch den Bach zu hüpfen, um dann bis zu den Waden im Meer zu stehen, um ins Boot zu kommen.

Nun, der große Vorteil an diesem ausschließlich von der einheimischen Bevölkerung frequentierten Kahn ist, dass niemand meine nicht besonders freundlichen Bemerkungen über den Sinn und Unsinn vom Sparen einerseits – »Hauptsache, wir finden die billigste Variante« – und dem Ruinieren von Zweihundert-Euro-Schuhen andererseits versteht. Allerdings gehe ich davon aus, dass das interessierte Verfolgen unserer Mimik und Gestik quer übers Boot auch ohne Untertitel eine willkommene Abwechslung und gut durchschaubar für unsere Mitfahrer war.

Claus findet alles toll, für ihn ist das Ziel komplett erreicht, wenn er das Gefühl hat, wie die Locals zu reisen und sich sozusagen mit den Insulanern zu verbrüdern – praktisch gehören wir jetzt dazu. So zumindest meine subjektive Interpretation seiner »Ach, wie klasse«-Ausrufe. Ich hingegen glaube, dass unsere Bootsnachbarn sich einfach nur fragen, was diese offensichtlichen Touris eigentlich auf ihrem Bötchen wollen, wo doch die Speedboat-Betreiber und hochpreisigen Fähren extra für sie verkehren und auch ihr Auskommen haben wollen. Offen gestanden frage ich mich das auch gerade.

Auf Gili Air, das man zu Fuß in dreißig Minuten umrunden kann und das daher völlig ohne Autos auskommt, verkehren kleine Kutschen, die von noch kleineren Ponys gezogen werden. Selbstredend, dass wir die Tiere schonen und ihre Ausbeutung und schlechten Haltungsbedingungen nicht unterstützen wollen und für die angeblichen fünf Minuten bis zu unserem Bungalow selbst Packesel spielen. Aber definitiv müssen wir heute noch eine Möglichkeit zum Wäschewaschen finden, denn bei den Temperaturen gerade jetzt in der Mittagsglut und der äußerst hohen Luftfeuchtigkeit reichen bereits die ersten drei der dann doch etwas längeren fünf Minuten, um auch unsere letzten noch sauberen Klamotten triefend nass zu schwitzen. Immerhin sind wir unserer Überzeugung treu geblieben und ohne Ponys ausgekommen. Immerhin.

Aber jetzt wird konsequentes Chillen eingeläutet. Klare Ansage!

Der ziemlich bekannte Geheimtipp

Das hatten wir uns aber anders vorgestellt, die Insel scheint komplett besiedelt zu sein, auch im Landesinnern. Bei unserem ersten Erkundungsspaziergang ist es echt voll und wir hören viel zu viele deutsche Gesprächsfetzen und sehen dazu Menschen, die wie Pauschaltouristen wirken. Moment mal, wir dachten, dies ist eine der letzten Hippieenklaven und nur geschulte Reisende und gestrandete Backpacker finden auf diesem letzten ruhigen Fleckchen Zuflucht … und wir natürlich. Sagen wir mal so: Es sind *alle* versammelt, Pauschalos, Althippies, Backpacker, Familien, wir und gefühlte fünfzig Tauchschulen – ich vermute mal, dass man an den Unterwasserspots anstehen muss, um was zu sehen. War anders geplant.

Aber tatsächlich gibt es keine motorisierten fahrbaren Untersätze auf der Insel, das ist ja schon mal geräuschtechnisch sehr angenehm, und auch Jetskis fehlen. Super. Als es dunkel wird und die Stimmung wie überall auf der Welt ein bisschen heimeliger, fallen die vielen, also wirklich sehr vielen Resorts, Hotels, Bungalows gar nicht mehr so auf. Wir setzen uns an den Strand, bestaunen einen wirklich spektakulären Sonnenuntergang und schlürfen einen ersten Cocktail. Die Jungs sind happy, weil sie nach Lust und Laune mit zwei Kerzen kokeln dürfen, so viel sie wollen. So einfach kann man Jungs glücklich machen – und uns auch.

Am nächsten Morgen nehmen wir uns vor, die Insel ganz genau zu erkunden, denn auch das Landesinnere birgt viele Überraschungen. Und endlich, nachdem wir uns ein ganzes Stück vom »Hafencenter« entfernt haben, sehen wir das Gili, das wir uns vorgestellt hatten. Schöne, einfache, aber trotzdem stylishe Bungalows direkt am Strand, mit Chillbetten davor und nicht zu dicht nebeneinandergebaut. Blöd nur, dass wir woanders wohnen. Mist.

Claus nimmt die Situation zu Recht dennoch leicht: Wir lernen einfach draus und buchen zukünftig an uns unbekannten Orten nur noch die erste Nacht, um dann zu entscheiden, ob und wo es uns am besten gefällt. Allerdings würden wir in diesem Fall wohl jetzt bereits umziehen. Doch wir haben die ersten sechs Übernachtungen im Voraus bezahlt und freiwillig, ohne wirklich akzeptablen Grund, wird uns unser Hotel wahrscheinlich nicht von dannen ziehen lassen. Dann heißt es jetzt wohl, sich damit anzufreunden und das Beste daraus zu machen. Nicht unbedingt meine stärkste Disziplin, wenn ich es gern anders hätte. Aber zumindest die Jungs finden unser Hotel total super, da unser Bungalow direkt am Pool liegt und sie gleich von unserer Terrasse ins Wasser springen können. Mal sehen, was Gili Air noch so für uns zu bieten hat.

HAPPY BUBBLES

In Anbetracht dessen, dass es so viele Tauchschulen gibt, muss die hiesige Unterwasserwelt ja einen beträchtlichen Anteil vom Reiz des Eilands als Urlaubsdestination ausmachen, und daher werden auch wir uns unter Wasser begeben, immerhin ist die nächstgelegene Tauchschule direkt vor unserem Hotel.

Die ortsansässigen Divecenter haben sich solidarisch abgestimmt und verlangen für einen Tauchgang alle dasselbe: umgerechnet vierunddreißig Euro inklusive kompletter Tauchausrüstung, Bootsfahrt und Tauchguide. Das ist definitiv ein unschlagbarer Preis und allein dafür *muss* man eigentlich schon dabei sein. Ergo starten wir am folgenden Tag in kleiner Gruppe zu einem nahe gelegenen Tauchspot, dem *Turtle Heaven*. Was könnte uns da erwarten: der Friedhof der Schildkröten oder ihr Himmelreich oder ihr Lieblingsspielplatz? Jedenfalls sind wir schon auf der Bootstour ordentlich beeindruckt von dieser Wahnsinnswasserfarbe – Türkis kommt dem in meinen Augen noch am nächsten, und diese Sicht, unglaubliche zwanzig bis dreißig Meter!

Als wir am Schildkrötenhimmel ankommen, schmeißen wir drei Großen uns gleich in unsere Ausrüstungen und lassen uns per Rückwärtsrolle ins Wasser plumpsen. Wow. Okay, jetzt weiß ich, wo die wahre Schönheit der Gili-Inseln zu finden ist: unter Wasser. Scheinbar intakte Korallen strahlen uns in den schillerndsten Farben entgegen, ein großer Artenreichtum an tropischen Fischen umringt uns und die heimischen Green Turtles lassen sich von uns Tauchern überhaupt nicht davon abhalten, diesen wunderbaren Ort zu besuchen und zu genießen. Allein bei diesem Tauchgang treffen wir zehn verschiedene Green Turtles, die gemächlich an uns vorbeigleiten oder ganz still am Meeresgrund verharren und die Welt an sich vorbeiziehen lassen. Eine von ihnen ist die bei Weitem größte Unterwasserschildkröte, die ich jemals gesehen habe: Ich würde sie auf locker anderthalb Meter Länge schätzen, wirklich beeindruckend.

Nachdem wir wieder an der Wasseroberfläche sind und uns freundliche helfende Hände die Flaschen abgenommen haben, bleiben wir noch einige Zeit im Wasser, damit auch Vidal, der während unseres Tauchgangs ganz lieb auf dem Boot gewartet hat, ausgestattet mit seiner Taucherbrille die Unterwasserwelt bewundern kann. Es ist total süß, seine absolute Begeisterung selbst unter Wasser noch hören zu können, so laut schreit er seine Wows. »Hast du das gesehen, da sind ja alles ganz bunte Fische; und da ist eine Schildkröte«, ruft er wild gestikulierend. Definitiv der nächste Tauchanwärter in der Familie! Das wird dann wohl ein Familienhobby.

Zurück an Land, sind wir uns einig, dass uns die Insel doch echt gut gefällt und wir hier nur allzu gern sechs Tage Pause einlegen. Wenn's irgendwie geht, wollen wir so oft tauchen gehen wie nur möglich. Also, ab jetzt jeden Tag einmal runter, um die verschiedenen Tauchplätze kennenzulernen, denn jeder Ort für sich hat etwas ganz Eigenes zu bieten. Wir treffen immer wieder auf Schildkröten, manchmal Moränen, alle möglichen verschiedenfarbigen Fische, deren Namen ich leider gar nicht alle kenne, Hummer, Skorpionfische, Drückerfische und sogar einen Oktopus, der sich aber lieber vor uns versteckt hält, nachdem er zur Tarnung bereits verschiedene Farben ausprobiert hat. Das war übrigens das erste Mal, dass ich beim Tauchen einem Oktopus begegnet bin – sehr nettes und interessantes Tier.

Unsere Tauchschule, bei der wir eigentlich nur zufällig durch die Nähe zum Hotel gelandet sind, bietet einmal die Woche eine supercoole Aktion an: einen Säuberungstauchgang. Das bedeutet, dass man für diesen Tauchgang nichts bezahlen muss und an vorher festgelegten Orten mit Müllsack und Handschuh bewaffnet in die Tiefe geht und Müll einsammelt. Da sind wir selbstverständlich mit dabei, passt ja perfekt zu unseren eigenen Strandsäuberungsaktionen.

Vorm Start bekommen wir eine kurze Einführung von einer Mitarbeiterin des Projekts »Dive Against Debris«. Diese Gruppe hat es sich zur Aufgabe gemacht, auf der ganzen Welt Säuberungstauchgänge durchzuführen und den Müll anschließend sogar zu sortieren und zu klassifizieren. Mit dem daraus gewonnenen Wissen wenden sich die Projektmitarbeiter an ortsansässige Firmen, Geschäfte und Politiker, um Lösungen dafür zu finden, wie der Müll, der in großem Ausmaß vor Ort ins Meer gelangt, sinnvoll und ganz individuell reduziert werden kann.

Auf geht's! Voll motiviert gehen wir unter Wasser und finden leider unglaubliche Mengen an Plastikflaschen und -verpackungen, Batterien, Dosen, ja sogar Windeln, Spielzeug, Kleidung und alten Farbtöpfen. Den Formen von Müll scheinen keine Grenzen gesetzt zu sein, unserer Tauchzeit und der Kapazität unserer Müllsäcke leider schon, und so bringen wir nach einer knappen Stunde allein als Familie dreißig (!) Kilogramm Müll an die Wasseroberfläche. Unglaublich, wie vermüllt der Ozean selbst hier bereits ist. Aber so wie jede Reise mit dem ersten kleinen Schritt beginnt, ist auch diese Aktion immerhin ein kleiner Teil, an diesem Zustand etwas zu ändern. Definitiv sind wir nächste Woche wieder dabei, es hat uns allen nämlich auch noch super Spaß gebracht, dem Meer etwas zurückzugeben – oder besser in diesem Fall: es von etwas zu befreien.

TAKE ME TO THE MOON

Auf der Insel wird vor einigen Bars ganz offen Werbung für Flugtickets zum Mond und wieder zurück betrieben, per Magic Mushroom Airline. Hm, Drogen sind nicht so unser Ding, aber vegetarische beziehungsweise sogar vegane Pilzgerichte und Smoothies mit Pilzeinlage fallen hier scheinbar nicht unter Drogendelikte. Die Frage ist nur, wie sieht's mit unserer Lust und Notwendigkeit aus, den Mond zu besuchen?

Um es mal so zu formulieren: Einer von uns beiden hatte zumindest am heutigen Abend einen heftigen Lachflash und leicht halluzinogene Vorstellungen von Lichtschaltern mit Nasen. Der andere war fast ein bisschen enttäuscht, dass am Ende des Tages nur ein pilziger Nachgeschmack das überraschende Novum bleiben sollte.

Mal sehen, ob und was die Stewardessen in der nächsten Airline so servieren.

THE BIG BLUE

Neben dem von uns dreien begeistert praktizierten Flaschentauchen wird auf der Insel auch Freediving angeboten. Uh, das wollte ich schon immer mal ausprobieren und hier scheint mir der perfekte Ort für ein erstes Kennenlernen zu sein. Direkt an unserer mittlerweile Lieblingstauchschule bietet eine überaus sympathische Koreanerin einen Schnuppertag im Freitauchen an, bei dem man bereits unvorstellbare zehn Meter hinunterkommen können soll. Nachdem wir bereits so viele wunderbare »erste Male« auf dieser Reise kennenlernen durften, ist das doch definitiv wieder einen Versuch wert, das Meer auf eine neue Weise zu erkunden. Spontan melden wir uns noch für den gleichen Tag an und starten eine Stunde später mit Freediving Kurslevel eins.

Also, ab in den Pool und Entspannungsatmen im Wasser und mit superlangen Spezialflossen schwimmen üben. Im nächsten Schritt trainieren wir, während wir im Wasser liegen, mit der neu erlernten Atmungstechnik möglichst lange die Luft anzuhalten. Es ist echt bemerkenswert, dass wir bereits nach so kurzer Zeit im Pool über zwei Minuten ohne Luft auskommen. Das bedeutet, gewappnet mit großem Selbstvertrauen geht's raus ins offene Meer, wo Ji, unsere Lehrerin, eine Boje setzt, an der in verschiedenen Tiefen Gewichte befestigt sind. Wir starten bei lockeren fünf Metern, lernen mit verschiedenen Techniken ab- und aufzutauchen und erhöhen die Tauchtiefe tatsächlich an diesem ersten Tag auf satte zehn Meter. Wir sind total beeindruckt von uns selbst; nie hätten wir uns vorstellen können, so locker auf diese Tiefe im offenen Meer zu gehen und dennoch entspannt wieder nach oben zu kommen.

Jetzt ist unser aller Sportsgeist geweckt und wir gehen einen kompletten Freediver-Kurs Level eins inklusive theoretischem Teil und Prüfung in Theorie und Praxis an. Am nächsten Morgen treten wir recht früh zu Unterricht und ersten Dehnübungen an, um im Anschluss gut gelockert wieder aufs offene Meer rauszufahren. Ein tiefes leuchtendes Blau begrüßt uns schon von Weitem – ist echt beeindruckend und im ersten Moment auch ein wenig Furcht einflößend. Aber jetzt zu kneifen, wäre ja total blöd, und eigentlich ist es doch zugleich auch wunderschön und einladend.

Und tatsächlich, der Hammer, wir gehen alle auf fünfzehn Meter runter, ohne in Panik zu verfallen. Später schließen wir noch die Theorie erfolgreich ab. Jetzt sind wir ganz offiziell *Freediver!* Einige Tage später gehen Jahvis und ich erneut mit unserer Lehrerin raus, um unser Können weiter zu vertiefen. Diesmal komme ich sogar auf siebzehn Meter runter, persönlicher Rekord!

Unser neu erworbenes Talent können wir auch an einem wunderschönen Tauchspot erproben, an dem wir bereits einige Tage zuvor mit Flasche getaucht sind: *The Bounty Wreck*. Hier liegt im sandigen Boden auf circa achtzehn Metern ein gut erhaltenes Schiffswrack, dessen Rumpf bis auf etwa dreizehn Meter unter Wasser hochragt und den größten Fischreichtum beherbergt, den wir bisher überhaupt in der Gegend gesehen haben. Claus stellt übrigens die These auf, dass die Fische von Generation zu Generation weitergeben, dass hier nicht gefischt wird und sie sich deshalb gefahrlos hier aufhalten könnten. Ich zweifle das mal ganz stark an und glaube eher, dass die große Population verschiedenster Meeresbewohner nur auf die optimalen Bedingungen zurückzuführen ist – gerade weil hier nicht gefischt wird.

Egal, wer von uns beiden richtigliegt, unterm Strich zählt nur, dass wir hier viele verschiedene Fischarten antreffen sowie Schildkröten, Oktopusse und vieles mehr. Mit einem tiefen Atemzug kommen wir locker bis auf dreizehn Meter runter und haben sogar noch Zeit, uns umzuschauen. Wir fühlen uns viel weniger als Fremdkörper in dieser Unterwasserwelt als mit Tauchflaschen (und den dazugehörigen Geräuschen) und den ständig aufsteigenden Luftblasen, die man beim Scuba Diving eben von sich gibt.

HÄNGEN GEBLIEBEN

Room with a View

Dann passiert etwas, das wir am Anfang nicht für möglich gehalten hätten: Wir »verlieben« uns auf den zweiten Blick in Gili Air. Zum einen, weil die Unterwasserwelt wirklich spektakulär und sehr freundlich zu uns ist, zum anderen aber auch, weil sogar dieses relativ kleine Eiland zwei Gesichter hat und die andere Seite der Insel total gechillt und Gott sei Dank gar nicht überlaufen daherkommt. Kurz entschlossen ziehen wir auf die entspannte Seite, in eine Unterkunft in der ersten Etage, direkt am Meer. Unsere Behausung verfügt zwar über ein Dach, hat aber weder eine Tür noch irgendwelche Wände (außer am Badezimmer) – und wir schlafen mehr oder weniger im Freien. Wir wollen noch ein paar Tage die Seele baumeln lassen und in aller Ruhe unsere weitere Reiseplanung überdenken. Immerhin haben wir noch auf dem Zettel, nach Kuala Lumpur zu reisen, nach kurzem Aufenthalt weiter nach Kathmandu zu fliegen und von dort aus Bhutan und Tibet zu erkunden.

Seit der letzten ITB in Berlin, auf der ich mir am Stand von Bhutan bereits Landkarten, Reisevorschriften und Kontakte zu Touranbietern angeeignet habe, gehört Bhutan zu meinen Wunschzielen. Tibet wiederum liegt da ja fast »um die Ecke« und sollte auch gleich miterkundet werden. Jahvis' Schulklasse hat durch eine Lehrerin, die in einem kleinen Dorf in Nepal unterrichtet hat, das durch das letzte Erdbeben fast komplett zerstört wurde, eine besondere Beziehung zu dem Ort Challing. Seit diesem Unglück läuft eine Spendenaktion, an der auch wir teilgenommen haben, um ganz konkret einer Familie ein Dach überm Kopf zu finanzieren.

Wenn wir schon in der Gegend sind, könnten wir doch vorbeireisen und sehen, ob unbürokratisch schnelle Hilfe geleistet werden konnte. So die Idee.

Erste Abstriche machen wir, weil uns die Zeit allmählich davonläuft. Da wir unbedingt Bhutan besuchen wollen, solange dieses außergewöhnliche Land sich weiter gegen den Massentourismus behauptet und dort »glücklich sein« per Verfassung gelebt wird. Daher werden wir wohl auf Tibet verzichten müssen, denn das würde eine weitere Flugreise bedeuten, da man von Bhutan erst nach Kathmandu zurückmuss, um nach Tibet zu fliegen. Außerdem erscheint es uns problematisch, einfach über die Annektierung Tibets durch China hinwegzusehen und nur das Erreichen unserer persönlichen Reiseziele im Kopf zu haben. Gerade ist es auch echt so schön entspannt auf Gili Air. Wir genießen jeden Tag ohne Autolärm, tauchen und hängen einfach nur ab. So verfliegt unsere Zeit.

Nepal ist mit Sicherheit auch so spannend, dass es gar keinen Sinn macht, mal eben schnell ein- und wieder auszureisen. Die Menschen in Challing freuen sich sicherlich auch über jede Hilfe vor Ort – die finanzielle geben wir gern von Deutschland aus, aber ein Arbeitseinsatz mit unseren Jungs im Schlepptau dürfte schwierig werden. Also auch kein Nepal auf dieser Reise.

Bleibt Bhutan – da möchte ich ja unbedingt hin. Mit einem sehr netten Tour-Operator vor Ort stehe ich bereits in Kontakt, denn das Einreisen auf eigene Faust scheitert schon allein daran, dass man nicht mal eben auf der Seite der königlichen bhutanischen Druk Air einen Flug buchen kann. Es ist wohl einfach nicht vorgesehen, dass Touristen kurz auf eine Stippvisite reinschauen.

Mein freundlicher bhutanischer Berater macht uns verschiedene Vorschläge für Touren, die auf das Alter der Jungs und ihre maximale Ausdauer abgestimmt sind – und die lesen sich auch echt gut. Nur leider stehen jeweils verdammt hohe Summen am Ende unterm Strich und wir fangen an, erste Zweifel an dem Sinn oder

Unsinn dieser Unternehmungen mit einem Sechsjährigen zu hegen. Die würden uns in den angesetzten vier Tagen mehr kosten als drei Wochen Neuseeland! Puh. Das müssen wir erst mal sacken lassen und einsortieren.

Wichtige finanzielle Entscheidungen lassen sich ermattet bei vierzig Grad in der Hängematte auch nicht ganz so einfach fällen. Zumal das Leben gerade genauso perfekt erscheint, wie es ist – mit einem fantastischen Blick aufs türkise Meer. Am Ende sind wir uns doch einig und frönen weiter unserem gepflegten und genussvollen Nichtstun. Dafür hatten wir uns auf der ganzen bisherigen Reise kaum Zeit gelassen …

Immobilienmesse

Für Claus und mich gehören das Schlendern am Strand und Muscheln und Schneckenhäuser sammeln ja zum richtigen Urlaubsgenuss untrennbar zusammen. Wir sind uns da total ähnlich, so ein Spaziergang mit echter Aufgabe ist gleich doppelt so nett. Aber unsere supersympathische Tauchlehrerin Sophey, die schon überall auf der Welt getaucht ist, weist uns nun darauf hin, dass die verlassenen Schneckengehäuse ja im wahrsten Sinne des Wortes Häuschen sind und sie, gerade wenn sie leer stehen, doch immer noch als zukünftiges Heim eines anderen Meeresbewohners taugen. Denn immerhin werden diese Schutzhüllen den Bewohnern hin und wieder zu klein, weshalb eine Umsiedlung manchmal unumgänglich ist – kennt man ja. Das heißt dann wohl im Umkehrschluss, dass wir Wohnraum vernichten – was natürlich in keinster Weise unsere Absicht ist, sei, wäre, war oder so. Geht ja gar nicht!

Selbstverständlich beschließen wir umgehend, unsere bisherigen Fundstücke wieder auf den Markt zu werfen – unter Wahrung der angeratenen Vorsicht natürlich –, und stellen uns vor, dass gleich im Anschluss eine Art Immobilienmesse für Krebse, Schnecken und andere Wohnungssuchende stattfindet, ohne Maklercourtage, Kaution und Ablösesumme. Back to the roots, würde ich sagen, dass ich noch mal auf diese Weise einen kurzen Abstecher in meinen vor dreißig Jahren erlernten Beruf der Immobilienmaklerin mache, wäre mir ja im Traum nicht eingefallen, aber so gefällt mir das sogar ganz gut.

TRASHUREHUNTING BY THE TRASH-FAMILY

WIR RETTEN DIE WELT

Wir sind natürlich weit davon entfernt, einen Vergleich mit der Trapp-Familie anzustreben, das wäre sowohl zahlenmäßig als auch gesangstechnisch und in ein paar anderen Punkten absurd. Eigentlich passt es einfach nur so schön von der Wortschöpfung her: Trash-Familie. Was aber dahintersteht, ist unsere Zielsetzung: Wir haben als Familie einen Entschluss gefasst: Wir wollen die Welt retten!

Das hört sich natürlich völlig vermessen an und Claus erklärt mich auch sogleich für leicht größenwahnsinnig, als ich ihm absolut ernsthaft mein neues Credo entgegenschleudere. Aber ich bin überzeugt, wenn jeder – auch wenn es nur wie ein Tropfen auf den heißen Stein erscheint – ein wenig über sich selbst hinauswächst und sich im Rahmen seiner Möglichkeiten und Interessen aktiv für die Umwelt einsetzt, den Hunger in der Dritten Welt bekämpft oder die Obdachlosigkeit vor der eigenen Haustür nicht mehr einfach als gegeben hinnimmt oder, oder, oder – je nachdem, was ihm besonders auf der Seele brennt –, dann können wir in unserer Gesamtheit wirklich etwas ändern. Wir können die Welt retten: Auch der kleinste Mosaikstein ist unverzichtbar für das große Ganze. Und somit retten wir und jeder Einzelne für sich die Welt!

Unser Thema ist der Plastikmüll und seine Vermeidung im Allgemeinen, um ganz speziell die Vermüllung der Ozeane zu beenden und diese nachhaltig zu säubern. Für dieses Vorhaben sind wir definitiv am richtigen Ort, denn auch wenn die Gili-Inseln wunderschön sind, können wir doch nicht die Augen davor verschließen, dass sie langsam im Müll ersticken – sowohl über als auch unter Wasser.

Die Säuberungstauchgänge auf den Gilis haben uns unheimlich Spaß gemacht, zum einen, weil es einfach super guttut, dieses wunderschöne Meer stückweise vom Müll zu befreien, aber auch, weil wir uns gut vorstellen konnten, auf Schatzsuche zu sein. Was da zu finden war: ein Kinderrucksack, ein kleines Schmucktäschchen aus Samt – blöderweise ohne Inhalt, aber trotzdem eine superschöne Erinnerung – oder ein kleines Verbindungseckrohr aus Plastik, aus dem eine ganz kleine Krake überrascht hervorlugte, total süß. Das Rohr und somit ihr Zuhause haben wir natürlich ganz vorsichtig wieder auf den Meeresgrund gesetzt.

Wenn man es schaffen könnte, jede Tauchschule zu verpflichten – wobei diese das sicher auch freiwillig machen würden, da sie ja von einem intakten Meer leben –, einen Säuberungstauchgang pro Woche kostenlos für ihre Taucher anzubieten, dann würde sich schon eine ganze Menge ändern, auch im Verhalten der Menschen. Wer einmal beherzt und offenen Auges dieses Problem angepackt und Müll eingesammelt hat, wird zukünftig wahrscheinlich viel mehr auf die Vermeidung desselben achten.

Hier mal eine Beispielrechnung, was an Müll zusammenkäme, die wir spaßeshalber aufgestellt haben. Wenn siebentausend Tauchschulen weltweit einmal pro Woche einen Ocean-cleaning-Dive durchführen und dabei circa vierzig Kilo Müll pro Tauchgang hochholen würden (realistische Zahl, die wir auch mit im Schnitt fünf Tauchern geschafft haben), hieße das: 7.000 mal 52 Tauchgänge mal circa 40 Kilogramm = 14.560.000 Kilogramm (in Worten: vierzehnmillionenfünfhundertsechzigtausend) Müll pro Jahr! Was für eine Zahl! Warum nicht jeden Taucher neben den Special-Skills-Angeboten wie Nachttauchgang, Deep Dive et cetera zu einem Cleaning-Tauchgang verpflichten? Das wäre doch ein Ansatz.

Wir haben unser Verhalten tatsächlich konsequent umgestellt: Da es jetzt mit dem Muschelsuchen am Strand Essig ist, beschließen wir, jeden Gang zum Wasser darauf zu verwenden, Müll zu sammeln. Ist ja schließlich auch eine Suche und manchmal finden wir sogar noch kleine Schätze – man muss nur genau hinschauen. So ist zum Beispiel die derzeitige Lieblingsmütze von Jahvis ein Fundstück von der indonesischen Küste und eines meiner äußerst bequemen T-Shirts habe ich angespült im Sand gefunden – der leicht fischige Geruch war nach einer Wäsche weg.

Nach einem unserer Trashurehunting-Gänge am Strand ist uns so warm, dass wir mal wieder ein bisschen mit Vidal und Jahvis schnorcheln wollen; das kann man hier ja perfekt vom Strand aus machen. Allerdings müssen wir recht weit rausschwimmen, bis wir die ersten Korallenformationen erreichen. Vidal, der zwischen Claus und mir schwimmt und wirklich schon toll schnorchelt, entdeckt als Erster eine Unterwasserschlange, die gemächlich vor uns kurz über dem Boden schwimmt. Natürlich macht er uns beide sofort auf seine Entdeckung aufmerksam und ich verfolge mit großer Überraschung Claus' Versuch, in Jesus-Manier über Wasser zu laufen – geht wohl aber nicht. Allerdings bringt er verdammt schnell einen größeren Abstand zwischen sich und die Schlange – und auch zu uns. Vidal und ich sehen uns verdutzt an, widmen uns dann aber doch lieber wieder dem Betrachten der ganz relaxten Schlange, die ruhig von dannen schwimmt. Claus behauptet bis heute, dass die Schlange zielgerichtet auf ihn zuschwamm – direkten Weges, nur auf ihn, Aug in Aug stand er ihr gegenüber. Ist klar.

Weiter geht's! Wir schwimmen mittlerweile wieder zu viert nebeneinander, weiter aufs offene Meer zu – Claus hat sich doch tatsächlich wieder zu uns gesellt, nachdem die Schlange kein weiteres Interesse an ihm gezeigt hat. Da geht plötzlich für einen kurzen Moment das Licht unter Wasser an, so erscheint es uns zumindest. Wir heben alle irritiert unsere Köpfe aus dem Wasser und ich schaffe es gerade noch, meinen Satz »War das etwa ein Bl...« anzufangen, als bereits ein lautstarkes Donnern die Luft über uns zerreißt. Mit aufkommender Panik – wir sind zugegebenermaßen ganz schön weit vom Ufer entfernt – drehen wir sofort um und schwimmen gen Strand, Vidal ziehend und schiebend und ehrlich gesagt in ganz schöner Hektik. Denn mittlerweile zucken immer häufiger Blitze über den dunkler werdenden Himmel und die Abstände zu dem lauten Donnergetöse werden auch immer kürzer. Merkbar rückt das Unwetter immer näher und meines Erachtens befinden wir uns im Wasser in relativer Gefahr. Doch noch immer ist das rettende Ufer ein ganzes Stück entfernt. Ich herrsche Jahvis lautstark an, dass er, weil er ohne Vidal im Schlepptau bei Weitem schneller schwimmen kann als wir, gefälligst auch ohne uns so schnell wie möglich vorankommen soll und sofort aus dem Wasser muss. Komisches Gefühl, dass man sein Kind vorschickt, weg von sich selbst, damit es sicher ans Ufer kommt, auch wenn man es vielleicht selbst nicht schnell genug schafft.

Okay, meine Dramaqueen schlägt durch, ganz schlechter Moment, wo ich doch meine ganze Kraft benötige, um mal eben neue Rekorde im Einarmschwimmen aufzustellen. Also komplette Konzentration aufs Schnellschwimmen, Vidal abwechselnd mit Claus in die richtige Richtung schubsen oder ziehen und alle Nerven behalten – und, just in case, Stoßgebete und Hilfsanfragen an Gott, Buddha, Allah, Kauribäume und vorsichtshalber sämtliche Naturgötter abschicken. Einer von denen – oder sogar alle – hat auch ein Einsehen und wir erreichen unversehrt das sichere Ufer. Allerdings sind wir schon ein bisschen sauer auf uns selbst, dass wir überhaupt erst losgeschwommen sind, obwohl sich der Himmel bereits zu verdunkeln begann. Wir dachten ganz arglos, ein tropischer Regenschauer wäre im Anmarsch ... Amen.

ALLAH SEI DANK

Gili Air, Gili Meno und Gili Trawangan sind, obwohl sie so nah beieinanderliegen, doch recht unterschiedlich. Gili Trawangan ist die offizielle Partyinsel, und wer nicht bis zum Morgengrauen tanzen und Musik hören möchte, ist hier wahrscheinlich nicht so gut aufgehoben. Gili Meno ist die entspannteste der drei Inselchen und auch die kleinste. Hier fühlen sich sowohl absolut gechillte Backpacker als auch Honeymoon-Pärchen und Familien mit kleinen und großen Kindern wohl. Während Gili Air von alldem ein bisschen hat: Es gibt Partys, Livemusik, gechillte Abhängorte und ein kleines indonesisches Dorf. An manchen Stränden kann schon mal ein wenig mehr los sein, andere sind tolle einsame Rückzugsorte.

Was aber alle drei Inseln gemeinsam haben: Es gibt keine Autos und auch keine Mopeds und man bewegt sich ausschließlich zu Fuß, per Pferdekutsche oder mit dem Fahrrad fort. Also auch keinerlei Motorenlärm – außer von den Booten. Neuerdings fahren aber die ersten Elektroroller über die Inseln. Schade eigentlich. Hoffentlich hat das nicht zur Folge, dass die totale Motorisierung durchbricht, denn auch BMW produziert ja wohl schon die ersten fetten Elektrobikes, und die passen wirklich nicht hierher.

Neben dem umweltfreundlichen Aspekt, was Ressourcen und Lärm angeht, gibt es aber noch etwas, das uns total auffällt: kein einziger Hund in Sicht. Nein, wir sind natürlich keine Hundehasser, wir mögen sie mitunter sogar sehr, aber wir haben in Thailand erlebt, was für Probleme durch die Unmengen an Hunden entstehen – viele angefahrene oder tote Vierbeiner, ausgehungerte, gequälte, kranke Tiere und ganze Meuten, die sich zusammenrotten. Viel Leid und Ärgernisse sind uns dort begegnet. Kleine Kinder durften beispielsweise nicht allein zum Strand laufen, da sie auf dem Weg immer auf Hunde trafen, deren Verhalten und Reaktionen schlecht einzuschätzen waren. Mal ganz abgesehen davon, dass es schon ziemlich eklig ist, wenn man genüsslich im flachen Wasser treibt und ein frischer Haufen Hundekacke vorbeischwimmt, weil sich ein Vierbeiner gerade nebenan erleichtert hat, oder das Burgen bauende Kind ganz tolle, noch dampfende Klebematsche im Sand entdeckt…

Auf Fidschi, in der Nähe des Volivoli Resorts, waren die wilden Hunde so aggressiv, dass wir den einsamen, circa vier Kilometer langen Weg von unserem Hotel zur Hauptstraße tatsächlich nicht zu Fuß zurücklegen konnten, weil gleich mehrere von ihnen zähnefletschend auf uns zurannten und wir nicht sicher sein konnten, wann sie anhalten würden. So fällt es uns natürlich umso mehr auf, dass wir auf den Gilis zwar vielen Katzen begegnen – netterweise alle von der »Die tut nix«-Sorte –, aber nicht einem einzigen Hund.

Aber wieso eigentlich? Hat der Inselrat getagt und die Einfuhr von Hunden unmöglich gemacht? Oder gibt es in Indonesien *Keine-Hunde-auf-Inseln-Gesetze?* Die Antwort auf unsere Nachfrage bei einem gebürtigen Gilianer ist so einfach wie logisch: Die Indonesier sind Moslems, jeden Tag erklingt auch über »unserer« kleinen Insel der Ruf des Muezzins von der inseleigenen Moschee und Moslems dürfen keinen Alkohol trinken, kein Schweinefleisch verzehren und Hunde gelten allgemein als unsauber und werden daher gar nicht als Haustiere gehalten. So zumindest die Erklärung. Für unsere Insel, kann ich nur sagen, ist das ein Segen.

TiNA GEPRÜFT

Nicht geheime Tipps:
Gewohnt und super wohlgefühlt haben wir uns im Puri Air Beach Hotel.

Das beste Essen und die leckersten Smoothies gibt es im Pachamama Organic Café (das Spicy Corn ist der Hammer).

Unsere großartige Tauchschule, die sogar eigene Wünsche für Divespots berücksichtigt hat, war:
http://giliairdivers.com
(direkt beim Grand Sunset Resort).
Angeschlossen an diese Tauchschule haben wir unseren Freedive-Kurs bei Ji belegt.

Unsere Säuberungstauchgänge mit Dive Against Debris – finden kostenlos einmal pro Woche statt – haben wir über www.7seasdivegili.com gemacht.
Mehr Infos dazu gibt es unter: www.projectaware.org

Verlockende Falle

Unsere letzte Station, bevor es leider wieder Richtung Heimat geht, ist Kuala Lumpur, wohin wir gerade nur schweren Herzens aufbrechen; so schön war's. Netterweise bringt uns unser Vermieter mit seinem Boot nach Lombok, von wo aus wir das erste Teilstück auf unserer Heimreise antreten. Aber wie sagt man so schön: Es ruckelt immer ein wenig, wenn das Leben in den nächsten Gang schaltet. Bei uns knirscht es hingegen gewaltig, als der anfänglich sehr zugewandte Zollbeamte an der Passkontrolle plötzlich grimmig dreinschaut und uns sehr ernst darüber aufklärt, dass wir uns länger als die erlaubten visafreien dreißig Tage in Indonesien aufgehalten haben und somit unter die Visapflicht fallen. Ist klar. *Echt jetzt, wir waren über einen Monat in Indonesien?* Das war uns gar nicht so bewusst und eigentlich auch nicht geplant – muss uns wohl durchgerutscht sein. Lustig oder blöd, kommt ganz auf die Betrachtungsweise an.

Die Lösung ist relativ einfach: Der erzürnte Beamte verlangt für uns vier einen Betrag von umgerechnet etwa dreihundert Euro für die überzogenen Tage – was in Indonesien ein kleines Vermögen ist –, natürlich in bar, quittungslos und unterhalb des Schreibpults, an dem er steht. Und, schwupps, bekommen wir begleitet von einem jetzt wieder einnehmenden Lächeln die Ausreiseerlaubnis. Dann steht der Einreise nach Malaysia ja nichts mehr im Wege – hoffentlich.

Ähnlich wie Singapur erscheint uns Kuala Lumpur eher atypisch zu sonstigen asiatischen Großstädten. Alles läuft relativ geordnet, fast schon langweilig ab. Wobei das wieder unser ganz subjektiver Eindruck ist, den ich hier wiedergebe. Natürlich haben wir uns auch hier wie in anderen Städten, in denen das angeboten wird, einen ersten ausführlichen Rundumeindruck vom Hop-on/ Hop-off-Bus aus geholt, aber irgendwie sprang der Funke weder auf dieser Tour noch auf dem anschließenden Fußmarsch durch den Innenstadtbezirk über. Ausgenommen die bekannten Petronas Towers, die sind zugegebenermaßen äußerst beeindruckend und für mich bisher das oder die schönsten Hochhäuser der Welt. Man kann wohl auch relativ weit hoch auf einen Aussichtspunkt in den Türmen fahren, aber nur wenn man sich rechtzeitig um Eintrittskarten bemüht hat – wir in Ermangelung des Wissens um die Notwendigkeit blöderweise nicht, und somit blieb uns nur: Kopf in den Nacken und ordentlich von unten gestaunt.

WIMPERNSCHLAG

Da simmer at widder (Kölsch für: Wir sind wieder da). Das ist es auch schon, das definitive Ende unserer ersten Weltreise. Wunderbare, viel zu schnell vorbeifliegende hundertachtundzwanzig Tage sind es letztendlich geworden.

Wir erreichen den Berliner Süden, in dem wir eigentlich zu Hause sind. *Sieht alles immer noch vertraut aus.* Schnell knipsen wir unser Rückkehrfoto, so wie wir auch vor vier Monaten und einer Woche ein Abfahrtsfoto aufgenommen haben.

Und wir haben uns verändert. Diese Reise hat uns nicht nur im Herzen, im Geist, in der Seele, sondern auch in unserem Äußeren verwandelt; aber leider auch wieder entlassen. Claus trägt nun einen langen grauweißen Weltreisebart, meine Haare sind echt lang geworden, Vidal sieht um die Haare eher wie ein Albino aus und Jahvis ist ein ganz entspannter Teenager. Und wir sind alle glücklich und zufrieden, und das sieht man uns auch an, wenngleich auch ganz schön wehmütig.

Das erste Mal wieder vor einem übervollen Klamottenschrank zu stehen, brauche ich gerade wirklich nicht, und diese Auswahlmöglichkeiten machen mir auch keine Freude, sondern überfordern mich tatsächlich eher.

Kein einziges Mal auf unserer Reise bin ich nachts aufgewacht und habe mich orientierungslos gefühlt, nicht sicher, wo ich gerade bin – und das, obwohl wir so viele Ortswechsel hatten. In der ersten Woche zu Hause passiert mir das aber plötzlich häufiger. Im Dunkeln muss ich mir sehr konzentriert ins Gedächtnis rufen, wo und in welchem Bett ich eigentlich liege. Äußerst eigenartig, vermag ich so gar nicht unterzubringen und zu verstehen. Und liege ich dann einmal grübelnd wach, vermisse ich den melodischen Ruf des Muezzins aus der Ferne, den wir selbst im tiefsten Dschungel gehört haben und der mir das Gefühl vermittelt hat, mitten in einem Märchen aus Tausendundeiner Nacht zu stecken. Wenigstens die Vögel starten auch hier zwischen vier und fünf Uhr mit ihrem Gesang und unterbrechen die laut- und naturlose Stille, die mich jetzt zu umgeben scheint.

Bereits am ersten Tag nach unserer Rückkehr kehrt auch bedingt durch Kita und Schule die Routine zurück, der man kaum ausweichen kann. Ich fühle mich, als wäre ich nur ganz kurz mal eben weg gewesen, sozusagen nur für einen Wimpernschlag.

Okay, nett hier, aber ich wäre dann auch bereit, so in einer Woche wieder loszureisen. Ich frage mich bereits, wie man den nächsten längeren Auslandsaufenthalt bewerkstelligen könnte.

Aber wir haben viel mitgenommen und versuchen, all das rüber in unseren Alltag zu »retten«: wie die Fidschi-Time – definitiv eine entspannte Herangehensweise, um sich aus Hektik und Stress des Alltags rauszuziehen, entspannt kommt man doch auch bei Weitem schöner durchs Ziel. *Nikua* – eine Redewendung auf Fidschianisch – versichert uns, gestern ist Vergangenheit und nicht mehr änderbar, morgen die Zukunft, die wir nicht wirklich beeinflussen können, aber das *Heute* ist der eine Moment, der wirklich zählt: *Nikua* – es ist heute!

Awesome, sweet, no worries – das waren die Worte, die wir in Neuseeland am häufigsten gehört haben, und ich bin der festen Überzeugung, dass die permanente Aufforderung und Beteuerung, sich keine Sorgen zu machen, dass alles gut ist und schön, eine positive Grundstimmung zur Folge hat. Das Leben schimmert nicht nur ein bisschen rosiger, es fühlt sich auch so an. Hilft überraschend gut und oft.

Wir sind wieder da. Angekommen, aber nicht, um zu bleiben.

All together now

Diese Reise wurde ungeplant zum großartigen Tier- und Naturerlebnis. Wir haben in freier Wildbahn, in ihrem natürlichen Lebensraum, viele Gattungen angetroffen: Warane, Seehunde, Seelöwen, Blaufußtölpel, Pinguine, Pelikane, Wasserschildkröten, Flamingos, große Landschildkröten, Tukane, Haie, Mantas, Stachelrochen, Darwinfinken, Delfine, Seeschlangen, Flughunde, Orang-Utans, Nasenaffen, Krokodile, Riesenameisen, Termiten, Taranteln, Oktopusse, Schwammkrabben, Spinnenkrebse, Spiderbirds, Skorpione, Gibbons, Riesentausendfüßler, Seepferdchen, Muränen, Wasserschlangen, Glühwürmchen, Kiwis, Pferde, Enten, Sandflies, Moskitos, Kühe, Opossums, Alpakas und viele, viele mehr.

Unbekannten Situationen gegenüber haben wir überraschend schnell gelernt, sehr entspannt zu begegnen. Auch haben wir nichts vermisst (okay, manche Freunde), aber sicher nichts Materielles. Die Entspanntheit über das eigene Erscheinungsbild tat unheimlich gut – und man wirkt umso schöner, je entspannter man ist.

Kinder stellen sich auf jede neue Situation schnell ein und genießen die gemeinsamen Erlebnisse total, eine ganz besondere Zeit für Familien – Qualitätszeit, die immer im Gedächtnis bleibt und einen großen Zusammenhalt schafft.

Wir haben in unseren hundertachtundzwanzig Tagen keine Menschen erlebt, die uns Böses wollten, wir sind weder überfallen noch beklaut worden (und haben nicht mal besondere Vorsicht an den Tag gelegt). Und keiner von uns ist ernsthaft erkrankt.

Diese Reise war kein Urlaub – das war Leben!

Noch ein paar Basics für die Liebhaber von Statistiken: Unser Around-the-World-Ticket haben wir bei Travel Nation (in England ansässig) gebucht. Es umfasste fest gebuchte Flugstrecken, die aber terminlich flexibel waren. Das waren in unserem Fall: Berlin–Madrid; Madrid–Quito; Quito–Galapagos; Galapagos–Quito; Quito–Miami; Miami–San Francisco; San Francisco–Fidschi; Fidschi–Auckland; Auckland–Hongkong; Kuala Lumpur–Kathmandu; Kathmandu–Doha; Doha–Berlin.

Tatsächlich haben wir auch hier noch improvisiert und verändert, sodass unsere eigentliche Reisestrecke letztlich folgende Routen beinhaltete:

Per Luft: Berlin–Madrid; Madrid–Quito; Quito–Galapagos; Galapagos–Quito; Quito–Miami; Miami–San Francisco; San Francisco–Fidschi; Fidschi–Auckland; Auckland–Christchurch; Christchurch–Auckland; Auckland–Hongkong.

Per Wasser: Hongkong–Vietnam (Da Nang, Ho-Chi-Minh-Stadt)–Ko Samui–Malaysia (Penang, Langkawi)–Singapur.

Und wieder durch die Lüfte: Singapur–Semarang (Indonesien); Semarang–Pangkala Bun (Kalimantan); Pangkalan Bun–Semarang; Semarang–Jakarta; Jakarta–Lombok; Lombok–Kuala Lumpur; Kuala Lumpur–Doha; Doha–Berlin.

TINA GEPRÜFT

Reisetipps, die wir unterwegs erprobt haben oder zukünftig umsetzen wollen (nicht nur bei Weltreisen):

- *Stinknormales Paketklebeband! Das Universal-accessoire für jede Reise – zum Reparieren von fast allem bis zur unkonventionellen Erstversorgung bei stark blutenden Wunden.*

- *Von allem, was man einpacken möchte, gleich versuchen, die Hälfte zu Hause zu lassen. Man braucht bei Weitem weniger, als man glaubt.*

- *Orte, die man wiederfinden muss, wie Unterkünfte, Autos, Bushaltestellen et cetera, immer fotografieren, so kann man Einheimischen auch in unbekannten Sprachräumen zeigen, wo man hinmöchte.*

- *Telefonnummer des Hotels unbedingt den Kindern mitgeben, falls man sich doch irgendwo verliert.*

- *Immer dabei sein sollten: Nähzeug, Ersatzakku (an einigen Orten dieser Welt gibt es keine Steckdosen zum Aufladen) und Moskitonetz.*

- *Für jeden einen dünnen Schlafsack aus Baumwolle. Sei es, dass gar keine Bettwäsche vorhanden oder sie nicht ganz sauber ist; es ist immer angenehm, in etwas zu schlafen, von dem man weiß, wer als Letztes drin lag.*

* *Internationaler Führerschein. In einigen Ländern kann man sonst kein Auto mieten (und, wenn vorhanden, dringend vor der Abreise checken, die Dinger sind nur relativ kurz gültig!).*

* *ESTA-Visum im Voraus beantragen, wenn die USA auf dem Reiseplan stehen.*

* *Kopien von Reisepass und Impfausweis mitnehmen und zusätzlich auch zu Hause deponieren.*

* *Auslandskrankenversicherung. Viele gelten nur für circa dreißig Tage! Eventuell verlängern oder anderes Angebot nutzen, wenn die Reise länger dauert.*

* *Taschenlampen, eventuell auch Stirnlampen. Die machen den Kindern mehr Spaß und man kann sie im Zweifel auch gut bei der Gutenachtlektüre nutzen.*

* *PUK fürs Handy gesondert mitnehmen.*

* *Handyeinstellungen so ändern, dass man das Telefon orten kann, und sich dazu kundig machen, wie man es am schnellsten sperrt.*

* *Große Speicherkarte. Man macht doch mehr Fotos und hoffentlich auch Videos, als man annimmt.*

DANACH IST DAVOR

JUNGE FRAU ZUM MITREISEN GESUCHT?

Nach einem Jahr, das furchtbar schnell vergangen ist, reden wir immer noch ständig von *der Reise*. Wieder und wieder erinnern wir uns an ganz besondere Momente, aber auch an all das schön Alltägliche, das wir erlebt haben. Die Erinnerung klingt nach wie vor in uns nach. Allerdings ist die Sehnsucht, zu reisen, nach dem Unterwegssein nicht kleiner geworden – mich hat sie gefangen genommen. Viel stärker als je zuvor; sie ist verdammt laut und fordernd. Ich überlege nur noch, wie wir es schnellstmöglich schaffen, wieder loszuziehen, nicht in einen ein- oder zweiwöchigen Urlaub, sondern wieder auf große Tour. Dieses Verlangen zehrt regelrecht an mir, und wenn ich im Netz Bilder von den magischen Orten Neuseelands betrachte, könnte ich anfangen zu weinen, so sehr zieht es mich dorthin. Ja, ich weiß, pathetisch, aber das sollte doch am Ende dieses Buches nicht überraschen, oder?

Ich setze auf jeden Fall alles, was mir einfällt, daran, dieses Ziel so schnell wie möglich zu erreichen. Unterdessen spiele ich sogar hin und wieder Lotto, wenn der Jackpot so richtig lohnt – just in case … Also, ich bin definitiv auf dem Sprung, bereit, in Windeseile einen kleinen Koffer für jeden von uns zusammenzupacken, meine Männer untern Arm zu klemmen – und auf geht's! Für wie lange auch immer.

Denn meine Heimat ist für mich kein statischer Ort, sondern meine Familie, und wenn die bei mir ist, dann schaffen wir uns unsere ganz eigene bewegliche Heimat, wo auch immer auf dieser wunderschönen Welt. Move my Heimat 😘

THE TRIPLE TEN COUNTRIES CLUB

Es gibt ja den High Mile Club – in dem wird Mitglied, wer während eines Fluges an Bord Sex hatte. Laaangweilig. Viel besser ist da der amerikanische Verein »Travelers' Century Club« (kurz: TCC). Den Mitgliedsstatus erreicht hier, wer mehr als hundert Länder und Regionen besucht hat. Ein Diamantmitglied sogar über dreihundert!

Da aber hundert Länder echt 'ne ganze Menge sind – außer Sie sind von Berufs wegen weltweit unterwegs – und das mit den Regionen ganz schön verworren und kompliziert ist, rufe ich jetzt einfach mal symbolisch den »The Triple Ten Countries Club« (den TTTCC) aus! Funktioniert ganz einfach: Sehen Sie die nachstehende Liste durch (ich erhebe aber keinen Anspruch auf Vollständigkeit) und kreuzen Sie die Länder an, die Sie schon bereist haben. Sobald Sie die ersten dreißig Länderpunkte zusammenhaben, sind Sie gefeiertes Mitglied. Denn das bedeutet doch, dass auch Sie die Freude am Reisen und die große Leidenschaft für das Entdecken der Welt teilen. Herzlichen Glückwunsch und: Welcome to the Club!

A

- [ ] Afghanistan
- [ ] Ägypten
- [ ] Albanien
- [ ] Algerien
- [ ] Andorra
- [ ] Angola
- [ ] Antigua und Barbuda
- [ ] Äquatorialguinea
- [ ] Argentinien
- [ ] Armenien
- [ ] Aserbaidschan
- [ ] Äthiopien
- [ ] Australien

B

- [ ] Bahamas
- [ ] Bahrain
- [ ] Bangladesch
- [ ] Barbados
- [ ] Belgien
- [ ] Belize
- [ ] Benin
- [ ] Bhutan
- [ ] Bolivien
- [ ] Bosnien und Herzegowina
- [ ] Botswana
- [ ] Brasilien
- [ ] Brunei
- [ ] Bulgarien
- [ ] Burkina Faso
- [ ] Burundi

C

- [ ] Chile
- [ ] China, Republik (Taiwan)
- [ ] China, Volksrepublik
- [ ] Costa Rica

D

- [ ] Dänemark
- [ ] Deutschland
- [ ] Dominica
- [ ] Dominikanische Republik
- [ ] Dschibuti

E

- [ ] Ecuador
- [ ] Elfenbeinküste
- [ ] El Salvador
- [ ] Eritrea
- [ ] Estland

F

- [ ] Fidschi
- [ ] Finnland
- [ ] Föderierte Staaten von Mikronesien
- [ ] Frankreich

G

- [ ] Gabun
- [ ] Gambia
- [ ] Georgien
- [ ] Ghana

- [ ] Grenada
- [ ] Griechenland
- [ ] Guatemala
- [ ] Guinea
- [ ] Guinea-Bissau
- [ ] Guyana

H

- [ ] Haiti
- [ ] Honduras

I

- [ ] Indien
- [ ] Indonesien
- [ ] Irak
- [ ] Iran
- [ ] Irland
- [ ] Island
- [ ] Israel
- [ ] Italien

J

- [ ] Jamaika
- [ ] Japan
- [ ] Jemen
- [ ] Jordanien

K

- [ ] Kambodscha
- [ ] Kamerun
- [ ] Kanada
- [ ] Kap Verde
- [ ] Kasachstan
- [ ] Katar
- [ ] Kenia
- [ ] Kirgisistan
- [ ] Kiribati
- [ ] Kolumbien
- [ ] Komoren
- [ ] Kongo, Demokratische Republik
- [ ] Kosovo
- [ ] Kroatien
- [ ] Kuba
- [ ] Kuwait

L

- [ ] Laos
- [ ] Lesotho
- [ ] Lettland
- [ ] Libanon
- [ ] Liberia
- [ ] Libyen
- [ ] Liechtenstein
- [ ] Litauen
- [ ] Luxemburg

M

- [ ] Madagaskar
- [ ] Malawi
- [ ] Malaysia
- [ ] Malediven
- [ ] Mali
- [ ] Malta

- [ ] Marokko
- [ ] Marshallinseln
- [ ] Mauretanien
- [ ] Mauritius
- [ ] Mazedonien
- [ ] Mexiko
- [ ] Monaco
- [ ] Mongolei
- [ ] Montenegro
- [ ] Mosambik
- [ ] Myanmar

N

- [ ] Namibia
- [ ] Nauru
- [ ] Nepal
- [ ] Neuseeland
- [ ] Nicaragua
- [ ] Niederlande
- [ ] Niger
- [ ] Nigeria
- [ ] Nordkorea
- [ ] Norwegen

O

- [ ] Oman
- [ ] Österreich
- [ ] Osttimor

P

- [ ] Pakistan
- [ ] Palästinensische Gebiete
- [ ] Palau
- [ ] Panama
- [ ] Papua-Neuguinea
- [ ] Paraguay
- [ ] Peru
- [ ] Philippinen
- [ ] Polen
- [ ] Portugal

R

- [ ] Republik Moldau
- [ ] Ruanda
- [ ] Rumänien
- [ ] Russland

S

- [ ] Salomonen
- [ ] Sambia
- [ ] Samoa
- [ ] San Marino
- [ ] São Tomé und Príncipe
- [ ] Saudi-Arabien
- [ ] Schweden
- [ ] Schweiz
- [ ] Senegal
- [ ] Serbien
- [ ] Seychellen
- [ ] Sierra Leone
- [ ] Simbabwe

- [ ] Singapur
- [ ] Slowakei
- [ ] Slowenien
- [ ] Somalia
- [ ] Spanien
- [ ] Sri Lanka
- [ ] St. Kitts und Nevis
- [ ] St. Lucia
- [ ] St. Vincent und die Grenadinen
- [ ] Südafrika
- [ ] Sudan
- [ ] Südkorea
- [ ] Südsudan
- [ ] Suriname
- [ ] Swasiland
- [ ] Syrien

T

- [ ] Tadschikistan
- [ ] Tansania
- [ ] Thailand
- [ ] Togo
- [ ] Tonga
- [ ] Trinidad und Tobago
- [ ] Tschad
- [ ] Tschechien
- [ ] Tunesien
- [ ] Türkei
- [ ] Turkmenistan
- [ ] Tuvalu

U

- [ ] Uganda
- [ ] Ukraine
- [ ] Ungarn
- [ ] Uruguay
- [ ] Usbekistan

V

- [ ] Vanuatu
- [ ] Vatikanstadt
- [ ] Venezuela
- [ ] Vereinigte Arabische Emirate
- [ ] Vereinigte Staaten von Amerika
- [ ] Vereinigtes Königreich
- [ ] Vietnam

W

- [ ] Weißrussland

Z

- [ ] Zentralafrikanische Republik
- [ ] Zypern

Aber jetzt wirklich:
auschecken.
Nach der Reise ist
vor der Reise.

Danksagung

Natürlich möchte ich dieses Buch auch einigen ganz besonderen Menschen widmen: meinen beiden wunderbaren Söhnen Jahvis und Vidal, die hoffentlich das Reisen genauso in den Genen haben wie ich und die irgendwie mit dazu beitragen werden, diese Welt auch für ihre Kinder lebenswert zu erhalten, und meinem Lebens- und Reisegefährten Claus – danke.

Und danke all den guten Freunden, die uns liebevoll und eifrig von unserem Reisefieber ablenken und trösten, und vor allem den besonderen Freunden, die sich in unserer Abwesenheit super um die irdischen und leider notwendigen Dinge wie Post, Heizung, Schulanmeldung et cetera gekümmert haben.

Danke an unseren schlauen Jahvis, der aufgrund seiner tollen, kontinuierlichen Leistungen eine Schulbefreiung erst möglich gemacht hat. Danke an seine Schule und die verständnisvollen Lehrerinnen und Lehrer, allen voran Frau Oldenburg und Frau Sommer.

Danke an den *Playboy* – meine Fotogage wurde auf dieser Reise perfekt auf den Kopf gehauen 🤩

Am Ende wird alles gut. Und wenn nicht alles gut wird, dann ist es auch nicht das Ende! Mein Lebensmotto, das ich Ihnen allen gern ans Herz legen möchte.